Astérix et les Vikings

Astérix et les Vikings

HACHETTE

Ce livre est adapté du dessin animé « Astérix et les Vikings », (© 2006 — M6 Studio — Mandarin SAS — 2d3D Animations), inspiré de l'album « Astérix et les Normands » (© 1967 GOSCINNY-UDERZO / © 1999 HACHETTE)

Droits d'adaptation :
Les Éditions Albert René

Scénario et dialogues du film :
Jean-Luc GOOSSENS
Avec la collaboration de Stefan FJELDMARK
Dialogues additionnels :
Philip LAZEBNIK

A collaboré à cet ouvrage : Claude Carré pour l'adaptation.

I

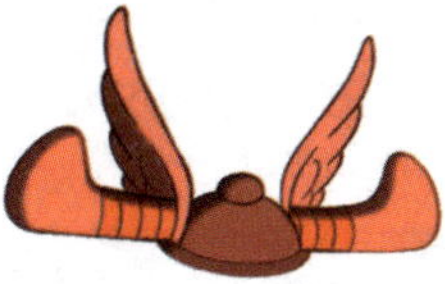

Très loin vers le nord s'étendent des territoires hostiles, couverts de neige et de glace. Là-bas, les nuits durent plusieurs lunes, les hivers font six mois et les hommes ont la réputation d'être de farouches guerriers. On les appelle : les Vikings.

D'une race fière et redoutable, les Vikings sont de sacrés navigateurs. À bord de leurs drakkars, ils savent se faufiler en silence le long des côtes déchiquetées, éviter les icebergs qui se cachent dans le brouillard, et fondre comme des oiseaux de proie sur leurs victimes.

C'est ainsi : les Vikings sèment la terreur partout sur leur passage.

Voilà un drakkar, justement. Émergeant de derrière un iceberg, sa proue impressionnante brave une violente tempête de neige sur une mer déchaînée. Au-dessus de son bastingage, on distingue les têtes à faire peur des combattants vikings, illuminées par de terrifiants éclairs.

Au plus fort de la tempête, la silhouette d'un immense guerrier sort de son abri et vient se poster à la proue du navire. C'est

Grossebaf, le chef de l'expédition. Son regard furieux semble défier le feu du ciel ; il pointe un doigt menaçant vers le large et tonne :

— TERRE !

Illuminé par un puissant éclair, un rivage apparaît en effet à l'horizon brumeux. Quelques minutes plus tard, tous les vikings sautent à l'eau, brandissant des torches et dégainant des épées. C'est une meute furieuse qui fond sur le village ennemi, construit en bord de mer.

La lourde porte qui protège les lieux vole en éclats. Les Vikings entrent dans le village en hurlant ; mais quand ils enfoncent les portes des maisons, ils ne trouvent personne à l'intérieur. Tout le village est désert ! Alors Grossebaf, leur chef, vert de rage, se met à trépigner :

— Mais c'est pas vrai !... C'est toujours la même histoire : on débarque, et il n'y a plus personne ! ! À croire qu'ils se volatilisent ! ! ! Mais comment font-ils, à la fin ?

C'est tout juste s'il n'éclate pas en sanglots. Et là, honnêtement, ça fait un peu désordre pour un chef viking assoiffé de sang.

Quelques jours plus tard, alors que la vaillante expédition est de retour au pays natal, le mage Cryptograf, le maître des runes, apparaît. S'appuyant sur un bâton orné d'inscriptions magiques, il se présente face à Grossebaf et à son conseil de guerriers.

— Alors, Cryptograf ! Dis-nous la vérité : Odin se ficherait-il de nous ? Hein ? Comment font ces barbares pour filer aussi vite ?

Un peu gêné, Cryptograf tente de répondre et bafouille :

— Eh ben c'est-à-dire... Vois-tu, Grossebaf, hem... Odin, dans sa grande sagesse, nous enseigne que la peur donne des ailes et...

Grossebaf écrase son crâne de calva sur la table et l'interrompt :

— Quoi ? Tu veux dire que cette chose

qu'on appelle la peur, leur donne le pouvoir de...VOLER ?

Cryptograf sursaute. Il hésite, tente de faire machine arrière :

— Enfin, c'est plutôt une façon de parler...

Mais déjà Grossebaf ne l'écoute plus. Il se prend à rêver, il se voit déjà, escorté de ses fidèles guerriers, survoler la mer du Nord. Il s'imagine passer au-dessus des icebergs et aller envahir les territoires verdoyants du sud ! Cryptograf essaie de le ramener à la raison :

— Pardonne-moi, Grossebaf, mais je crains qu'il y ait un léger malentendu. Je n'ai pas voulu dire que...

C'est trop tard. Surexcité, Grossebaf prend ses farouches compagnons à témoin :

— Eh, vous vous rendez compte, les gars ? Attaquer les ennemis en tombant du ciel ?

À leur tour, les farouches combattants entrechoquent leurs crânes et le calva gicle.

— Nous volerons avec toi, Grossebaf, notre chef ! hurlent-ils.

Grossebaf semble concentré. Jamais il n'a autant réfléchi. S'adressant à son maître des runes, il dit :

— Quelque part, il doit y avoir un champion de la PEUR ! Il faut qu'on le trouve, et qu'il nous apprenne comment voler ! Tout le monde connaît la peur sauf nous, qui savons tout ! C'est énervant à la fin !...

— Mais...

— Avec la peur qui donne des ailes, plus rien ne pourra nous résister ! Nous pourrons bientôt crier à la face du monde : « Oui, les Vikings savent ce qu'est la peur, les Vikings sont les plus froussards de tous ! »

À ces mots, les Vikings exultent :

— OUI ! PAR ODIN ! FROUSSARDS ! FROUSSARDS ! FROUSSARDS !

Alors Grossebaf les fait taire et, se tournant vers Cryptograf, lui postillonne au visage :

— Vas-y, toi, demande conseil à Odin ! Où peut-on le trouver, ce champion de la peur ?

Tandis que Cryptograf fouille au fond de son sac en cuir et en retire quelques plaquettes de noisetier gravées, Grossebaf murmure :

— Celui qui ramènera le champion de la peur, je lui donnerai tout ce qu'il voudra...

Cette phrase ne tombe pas dans l'oreille d'un sourd. Sur les runes sont tracées les lettres magiques du dieu Odin. Cryptograf les lance à la volée sur une carte maritime de l'Europe.

— Alors ! s'impatiente Grossebaf. Vers où faudra-t-il tourner la proue des navires, pour trouver notre champion ?

Le maître des runes désigne l'une des plaquettes qui est tombée sur un point précis de la côte armoricaine.

— Là ! s'exclame-t-il, en posant son index sur la carte.

C'est curieux, on dirait qu'il s'agit d'un petit village gaulois, encerclé par des camps fortifiés romains...

II

Contrairement à ce que croient les Vikings, ils ne sont pas les seuls à ignorer la peur. En effet, en 50 avant Jésus-Christ, si presque toute la Gaule est occupée par les Romains, un petit village d'irréductibles guerriers résiste encore et toujours à l'envahisseur.

Ce jour-là, c'est mercredi, jour de marché au poisson. Il y a toujours beaucoup d'animation au village, le mercredi ; et, comme chaque semaine, les limandes et les merlus volent bas.

— Comment ça, il n'est pas frais, mon poisson ?

— Frais de l'année dernière, oui !

Voilà ce qu'on peut entendre tandis que se déroule une bagarre entre marchands et clients, que l'on s'échange des coups de bar et que claquent des baffes à la sole.

Une bonne bagarre, rien de tel pour mettre en appétit. C'est ce que pense Obélix, qui revient de sa carrière de menhirs, un joli spécimen sur le dos, et Idéfix gambadant à ses côtés. Mais Astérix l'a à l'œil :

— Salut, Obélix !

— Ah, euh... Hem, tu es là ? Salut, Astérix. Dis, y' aurait pas un truc sympa à faire aujourd'hui ?

— Non, pas que je sache, répond celui-ci en regardant passer au-dessus de leurs têtes une colonie de daurades avariées dans un panier.

— Même pas un petit combat avec les Romains ?

— Non, Obélix.

Mais son ami semble bouillir sur place. Il meurt d'envie d'aller se mêler à l'algarade.

— C'est drôle, insiste-t-il, j'entends comme des échos agréables en provenance du marché au poisson. Je vais aller y faire un tour...

Et disant cela, Obélix resserre sa prise sur son menhir.

— Attention, Obélix ! Je t'ai dit cent fois de ne pas lancer des menhirs ! Ça peut être dangereux !

— Pourquoi dangereux ? Ils sont solides, mes menhirs, ce n'est pas ça qui va les abîmer !

Astérix agite son index de droite à gauche, en signe d'interdiction. Alors Obélix prend son air vexé :

— Ben quoi, Astérix ? Les autres lancent bien des poissons ! Mon menhir, à moi, il est frais, au moins !

— J'insiste, Obélix : pas d'armes de destruction massive !

Leur conversation est bientôt interrompue par un cri impérieux :

— HALTE-LÀ ! ÇA SUFFIT !

C'est Abraracourcix, le chef du village. Perché sur son bouclier, il essaie de couvrir les cris de ses villageois et de mettre fin à la bagarre de poissonniers.

— J'ai en ma possession une lettre. Elle m'a été envoyée de Lutèce par Océanonix, mon frère : le fameux guerrier, le célèbre héros de la bataille de Gergovie, mais aussi le compagnon d'armes de notre maître à tous, le grand Vercingétorix.

À ces mots, l'agitation cesse. L'admiration se peint sur le visage de tous les Gaulois. Satisfait de son petit effet, Abraracourcix continue sur sa lancée :

— Mon frère Océanonix nous envoie son fils, le jeune Goudurix. Il va arriver d'un moment à l'autre et je tiens à lui donner de notre village une image respectable. Nous allons donc organiser un grand banquet en son honneur.

Chez les Gaulois, si rien ne vaut une bonne bagarre, rien n'est comparable à un grand banquet. Mais Abraracourcix n'a pas terminé :

— Quant à vous, Astérix et Obélix, vous êtes mes deux meilleurs guerriers. Alors, je vous donne pour mission de prendre soin de Goudurix et surtout de l'instruire afin d'en faire un homme.

— Volontiers, répond Astérix en souriant, tandis qu'Obélix hoche la tête.

— Vous lui enseignerez tout ce que vous savez, tout ce qui fait un vrai guerrier ! Il est un peu ramolli par la vie citadine, mais quand il repartira d'ici, je veux qu'il sache chasser le sanglier à coups de poing !

— Pourquoi ? s'étonne Obélix : il fait comment, d'habitude ?

D'habitude, Goudurix ne chasse pas. Il aime la vitesse, les chars de sport et les belles Lutéciennes qui se promènent sur les boulevards de l'île de la Cité. Ses chevaux foncent à bride abattue vers le village gaulois, insensibles aux radars vivants que les Romains ont disposés au bord des voies pavées. Il va si vite que c'est tout juste s'il n'arrive pas avant la lettre qu'Abraracourcix vient de recevoir.

Goudurix a dix-huit ans, les cheveux longs qui lui tombent sur la moitié du visage et l'insouciance des beaux jeunes gens. Il a le goût des apparences : ce qui compte le plus pour lui ? Le tuning de son char : peinture étincelante, jantes larges, intérieur cuir, sangles de sécurité en peau de serpent, double éventail pour la clim', et klaxon trois tons en corne de brume métallisée... Il n'a emmené avec lui que son animal favori, une jolie colombe au plumage mordoré.

C'est ainsi qu'il fait une entrée fracassante dans le village gaulois, sur la place tout juste nettoyée des dernières écailles de poissons. Les chevaux pilent en hennissant. Leur freinage laisse de longues traces noires sur la terre battue et fait s'enfuir en caquetant des dizaines de poules effrayées. Abraracourcix le reconnaît aussitôt :

— Eh ! Goudurix... Te voilà déjà ? Tu as fait bon voyage ?

— Ne m'en parle pas, répond le jeune homme en sautant à bas de son char. Ces routes de campagne sont si mal entretenues !...

Abraracourcix hoche la tête, hébété :

— Hum... Je te présente tout de suite Astérix et Obélix, qui vont s'occuper de toi... Goudurix, mon neveu !

— Bonjour.

Plutôt que de serrer la main que lui tend Astérix, Goudurix la claque une fois par-dessus, une fois par-dessous et finit par fermer son poing contre le poing serré du petit Gaulois. Obélix observe cette étrange coutume les yeux ronds, puis lève les yeux pour observer l'oiseau bleuté qui volette autour d'eux.

— C'est à toi ? demande-t-il. Qu'est-ce que c'est comme oiseau ?

Ramenant ses cheveux en arrière, Goudurix tend le bras et la colombe vient aussitôt se poser dessus.

— C'est SMS... mon ShortMessage-Servix !

Le jeune Lutécien murmure quelque chose à l'oreille de sa colombe et celle-ci s'envole pour aller graver avec son bec un message dans l'écorce tendre d'un arbre tout proche. C'est un petit message doux, en forme de cœur, à destination des jolies villageoises qui se pressent autour de son char rutilant.

— Très pratique pour se faire des copines ! affirme le jeune citadin avec un clin d'œil complice.

Idéfix aboie furieusement après la colombe qui finit d'écrire son message. Sur un ton hautain, Goudurix soupire :

— Les nouvelles technologies, ce n'est pas trop votre truc, ici, au fin fond de la province...

— Mon chien n'aime pas qu'on fasse du mal aux arbres ! réplique Obélix.

Déjà passé à autre chose, le jeune Gaulois retourne à son char ; il en fait le tour en sautillant pour éviter de marcher dans la boue et passe un chiffon sur la carrosserie, sous l'œil consterné de ses nouveaux tuteurs.

— On doit vraiment faire un guerrier de ÇA ? demande Obélix.

— On a promis, Obélix ! soupire son ami.

III

À la nuit tombée, le banquet de bienvenue bat son plein : les sangliers rôtissent à la broche, près d'une grande table dressée sous les étoiles. Assis au milieu d'une dizaine de Gauloises en extase, le jeune Goudurix se montre charmeur et très galant. Il sert à boire à ses voisines, répond à toutes leurs questions, raconte à quoi ressemble sa capitale...

— Oui, voyez-vous, c'est une ville où

l'on vit aussi la nuit, à deux cents à l'heure !

Et il confie à la plus jolie villageoise qui se serre contre lui :

— Tu sais, bébé, je peux t'avoir des entrées gratos pour les « Bains-thermes ». Tu pourras t'éclater toute la nuit !

En se tournant, Goudurix est effaré : Obélix vient de dévorer une bête entière et il en jette la carcasse par-dessus son épaule ! En attaquant un second sanglier, Obélix s'étonne :

— Tu ne manges pas ?

— Euhh... je ne suis pas très viande, fait le jeune homme, écœuré.

— Pas très viande ? Qu'est-ce que tu manges, alors ?

— En fait, je suis végétarien.

— Quand même ! Des sangliers que j'ai cueillis moi-même, ce matin ! Tu vas me faire le plaisir d'y goûter, un tout petit morceau... Allez, allez, un tout-tout-petit : un demi !

Obélix coupe son sanglier par le milieu

et dépose une moitié dans le plat de Goudurix... Celui-ci a un haut-le-cœur, il est à deux doigts de vomir.

— Ne le force pas, intervient Astérix. Tu vas le dégoûter !

— Quoi ? Il faut bien le faire manger, si on veut en faire un homme ! T'as vu comme il est maigrichon ?

— On commencera à en faire un homme demain, Obélix... Ce soir, c'est la fête !

Un peu plus tard dans la nuit, on attaque le cycle des danses. Les Gaulois et les Gauloises se mettent en ligne, face à face, et sautent sur place, d'un pied sur l'autre, sur une musique celtique traditionnelle. C'est Assurancetourix, le barde local, qui assure la partie musicale avec sa lyre. Mais il est vite condamné au silence par le forgeron Cétautomatix qui ne le lâche pas, et le menace de son marteau :

— Si tu ouvres la bouche, je t'aplatis !

— Ignare ! lance le barde d'un ton méprisant.

À chaque banquet, c'est la même chose...

Restés seuls à table, Goudurix et sa colombe semblent s'ennuyer ferme. C'est à qui bâillera en ouvrant le plus grand la bouche.

— C'est vraiment assommant, les boîtes de province, marmonne le jeune homme.

Bonne âme, Bonemine, la femme du chef, s'approche de lui et minaude :

— Tu viens danser, mon neveu ?

— Non, merci ! Pas là-dessus, en tout cas : on dira ce qu'on voudra, mais le Celtix, ça date de l'Antiquité, au moins !

— Ah ?... Et c'est quoi, euh... la tendance en ce moment, chez toi ?

Un éclair s'allume dans l'œil de Goudurix.

— Tu veux vraiment voir ? demande-t-il en se redressant. Bouge pas !

Alors il saute par-dessus la table, suivi de son oiseau apprivoisé, et va arracher la lyre des mains d'Assurancetourix. S'adressant à la foule des danseurs, au milieu du podium, il hurle :

— Écoutez-moi ! Je vais vous montrer, moi, comment on s'éclate, dans les catacombes de Lutèce !

Il brandit sa lyre, la couche sur le côté et en frappe les cordes avec frénésie. En quelques accords, il électrise la foule. Saisis par le rythme furieux, tous commencent à se dandiner. Goudurix les hèle :

— VOUS ÊTES LÀ ? VOUS ÊTES AVEC MOI ? VOUS ALLEZ DANSER AVEC MOI ?

— OUIIII... ! ! répondent les danseuses, les plus jeunes et les autres, en se trémoussant.

— Alors on y va ! À fond... On se lâche !

Même les porteurs d'Abraracourcix commencent à bouger dans le rythme. Sur son bouclier, le chef du village perd l'équilibre et s'écrabouille au sol. Gagné par la folie de ce nouveau son, le vieil

Agecanonix agite sa canne dans tous les sens, et il faut se mettre à l'abri !

La danse de Goudurix se fait de plus en plus acrobatique : il se jette au sol, se rétablit sur une main et tourne comme une toupie. Puis il entame une danse affolante avec sa colombe, tous les deux semblent voler... Leur numéro est très au point.

Et lorsque Astérix cherche Obélix pour lui faire partager son étonnement, il l'aperçoit sur la piste de danse, en train de se contorsionner avec Idéfix.

— Ben quoi, fait Obélix, j'suis dans l'ambiance, non ?

C'est ainsi que la fête se poursuit jusqu'au bout de la nuit, sur cette place de village gaulois.

Pendant ce temps, beaucoup plus au nord, dans leur contrée de neige et de glace, les terribles Vikings préparent leur expédition vers les côtes d'Armorique, à la recherche du « champion de la peur »...

Un pâle soleil commence à filtrer à travers le brouillard. Des dizaines de guerriers embarquent à bord du drakkar de Grossebaf. Stimulés par les coups de fouet, des esclaves montent des armes et des provisions à bord. Le froid est intense. Parmi les guerriers qui se préparent, il y a un grand gaillard aux épaules larges et au front bas : Olaf, le fils du mage Cryptograf. C'est un athlète, mais il n'a hérité que d'une moitié de cerveau. Cependant son père compte sur lui pour une petite affaire qui lui tient à cœur. C'est pourquoi il le couve :

— Tu es sûr que tu n'as rien oublié,

Olaf ? Ta petite massue... ? Ton petit gourdin... ?

En soupirant, Olaf lui répond :

— Mais papa ! C'est ma trente-sixième expédition !

— Je sais, je sais... Mais retiens bien ce que Grossebaf a dit hier soir : si tu captures le champion de la peur, tu pourras lui demander ce que tu voudras !

— Au champion ?

— Mais non, à Grossebaf !... Et j'ai déjà une petite idée...

— Ah bon ?

Cryptograf n'en dit pas plus... À quelque distance de là, sur un promontoire glacé, se dresse la demeure de Grossebaf, de sa femme Vikéa et de leur fille Abba. La voix terrible et tonitruante de Grossebaf retentit à travers les murs :

— Qu'on apporte mes bagages à bord !

Le chef de l'expédition est dans l'entrée de sa maison, habillé de pied en cap et d'épaisses fourrures. Il s'apprête à sortir, mais Vikéa l'intercepte, se plantant devant lui, ses poings massifs sur ses hanches rebondies :

— Ah, au fait, chéri, tu penses à mes chandeliers en or ? Ces barbares en ont plein leurs temples.

Face à sa femme et à son fort caractère, Grossebaf est habitué à filer doux. Il prend une petite voix pour répondre :

— Oui, Vikéa, je vais voir ce que je peux faire...

— Et essaie de piller des trucs à la mode, pour une fois ! N'oublie pas la vaisselle : mon service de crânes est tout dépareillé ! Je n'ai presque plus de grands modèles !

— Oui, mon ange, sourit Grossebaf. Je penserai à toi, j'essaierai d'abattre quelques géants !

— Des jumeaux, si possible, j'ai besoin de crânes assortis.

— Je ferai de mon mieux, trésor.

À ce moment-là, une jolie jeune fille rousse et dynamique fait irruption dans la pièce, portant sans effort apparent une énorme malle pleine à craquer. C'est Abba, leur fille.

— Bon, on y va ? fait-elle d'un ton gaillard. Moi je suis prête !

Grossebaf secoue la tête en voyant la malle :

— Abba... je te l'ai déjà dit cent fois : nous ne partons pas en croisière, cette expédition est un... hum... un voyage d'affaires !

La bouche de sa fille se fait boudeuse. Elle prend un air de petite fille triste. De toute évidence, elle cherche à jouer sur la corde sensible de son grand guerrier de père. Se collant à lui, elle susurre :

— Oh, papa, s'il te plaît !... J'aimerais tellement venir avec toi, une fois, une seule... Après je ne t'ennuierai plus, je te promets !

Un instant, Grossebaf sent son cœur fondre. Il semble sur le point de craquer, mais se ressaisit, gonflant la poitrine :

— Hors de question ! Pas de femme et

pas d'enfant à bord... Et par Thor et par Odin réunis, ne discute pas !

Une colère noire envahit aussitôt Abba. La charmante ado se métamorphose en furie. D'un coup de pied retourné, elle sectionne les montants d'une étagère et toute une collection de crânes précieux se retrouve au sol, brisés en mille morceaux. Avant que son père puisse réagir, elle sort de la pièce en claquant la porte et va s'enfermer dans sa chambre.

Là, de rage, et de la pointe de son glaive, elle éventre un par un ses oreillers et ses édredons bourrés de plumes d'eider. Des plumes qui se mettent à voleter un peu partout dans la pièce. Alors qu'elle est affalée complètement démoralisée sur son lit, ce sont ces plumes qui, en retombant, lui donnent une idée...

IV

Ce matin-là, le soleil qui se lève sur le village gaulois marque le début d'une période de troubles. Oh rien de bien grave, juste quelques légères turbulences provinciales pour un jeune homme délicat fraîchement débarqué de la ville...

Pour l'heure, et malgré le chant perçant du coq, Goudurix le Lutécien dort toujours au premier étage de la maison de son oncle. Astérix essaie d'abord de le secouer gentiment pour le réveiller. Il chuchote :

— Goudurix, il est six heures ! L'heure de se lever...

Penché lui aussi sur le dormeur qui renfonce sa tête sous l'oreiller, Obélix en rajoute une petite couche :

— Allez, debout ! On va commencer à s'entraîner pour devenir un grand guerrier !...

— Oh fichez-moi la paix !... À Lutèce, c'est l'heure où je me couche ! Je suis en vacances, moi !

De son côté, Idéfix tente de réveiller SMS, la colombe, en aboyant. Mais elle n'est pas plus vaillante : elle cache sa tête sous son aile et l'ignore. Alors, Astérix se redresse et fait juste un petit signe à Obélix. Celui-ci en a les yeux qui pétillent.

— Je peux ? demande-t-il, ravi.

Astérix hoche la tête et, un instant plus tard, Goudurix s'envole par la fenêtre avec son oreiller, avant de retomber un peu plus loin à proximité d'un tas de fumier.

— Ouaaaaaaaaaaah ! !... l'entend-on hurler, juste avant l'impact.

Heureusement, c'est l'oreiller qui touche terre le premier. Voilà de quelle façon commence l'éducation d'un citadin. Mais ça, c'était juste pour le mettre en train. Au programme des jours à venir : chasse au sanglier, pesée de menhirs, attaque de pirates et, en guise d'examen final, assaut d'un camp romain.

Bon, au début, c'est un peu compliqué. Ce sont les sangliers qui courent après Goudurix, et lui qui doit monter aux arbres pour leur échapper. Astérix secoue la tête :

— Non, Goudurix, ce n'est pas comme

ça que ça marche. Les sangliers, tu dois les attraper !

— Mais... Mais com... Comment ? bégaie le jeune homme, paniqué.

— Comme ça ! dit Obélix.

Et il assomme du plat de la main un gros cochon sauvage qui cherchait à détaler entre ses jambes. Goudurix regarde sa main, regarde celle d'Obélix et pleurniche :

— Ils ne voudront jamais !

— Bien sûr ! On n'a pas à leur demander, c'est tout !

Mais déjà, il faut enchaîner. À quelques pas de là, se trouve la carrière de menhirs. Obélix fait le professeur :

— C'est simple, Goudurix. Regarde-moi bien, je te montre !

Il s'accroupit légèrement, saisit entre deux doigts un menhir de deux tonnes cinq et le soulève délicatement.

— Mais c'est impossible ! s'exclame le jeune Lutécien.

Ébahi, il touche le menhir du doigt pour

vérifier s'il est bien en pierre. Pas de doute, c'est du pur granit de chez granit ! Obélix le reprend :

— Il ne faut jamais dire impossible tant qu'on n'a pas essayé !

— Euh, Obélix, intervient Astérix. Celui-là est peut-être un peu trop lourd !

— Comment ça, lourd ? C'est le plus petit que j'ai trouvé !

Goudurix se colle contre le menhir qu'Obélix a reposé, plaque ses mains de part et d'autre du bloc de roche et essaie de le soulever. Il transpire beaucoup, s'échine, grimace, gémit, mais ne réussit qu'à s'arracher la peau des doigts.

— Mais comment vous faites ça ! ? s'exclame-t-il, épuisé, en se laissant tomber assis.

— Comment, on ne sait pas, mais tout le monde le fait chez nous, dès le berceau !

— ... Dès le...

— Allez, recommence, je vais te donner un petit coup de main, dit Obélix.

Goudurix se recolle contre le menhir, pousse un cri de guerre et, sans qu'il le voie, Obélix soulève le bloc de pierre de l'autre côté.

— Oui, bravo ! fait le Gaulois tombé dans la marmite de potion magique quand il était petit. Tu vois quand tu veux !

Mais en voulant l'applaudir, il lâche le menhir et l'énorme bloc de granit retombe brutalement sur Goudurix. Obélix tourne alors la tête en tous sens :

— Ben il est passé où, le Lutécien ?

— Sous le menhir, Obélix.

Et tandis qu'Astérix soulève la grosse pierre en soupirant, Idéfix se roule par terre de rire sous les yeux furieux de la colombe. Toutefois, il ne faut pas relâcher la pression. Devenir un homme, un vrai guerrier, demande du rythme, beaucoup de rythme !

C'est ainsi que quelques instants plus tard, à quelques lieues du rivage, se déroule une étonnante bataille navale : face à face, un navire de pirates, battant pavillon noir à tête de mort, et une frêle embarcation gauloise avec trois hommes et deux bêtes à bord. Et tandis que sur le grand mât du navire pirate, l'homme de vigie bégaie : « Les Gau... Les Gaugau... », un jeune Gaulois de la ville, sur l'embarcation de pêche, balbutie : « Les pi... les pipi... ! »

— Oui, les pirates ! s'écrie Astérix en se frottant les mains.

— Même qu'on va bien s'amuser ! renchérit Obélix.

Puis, s'adressant aux pirates affolés qui les regardent approcher, il ajoute :

— Ça ne vous embête pas, au moins ? C'est pour l'entraînement du petit !

Astérix manœuvre sa barque au plus près du navire ennemi, et Obélix, sous l'œil effaré de Goudurix, donne un violent coup de poing contre la coque du navire. L'eau de mer s'y engouffre aussitôt et le bateau sombre en quelques instants.

Bientôt, il ne reste plus que le sommet du grand mât à la surface de l'océan et tous les pirates s'y cramponnent. Avant de repartir, Astérix leur glisse un petit mot d'encouragement :

— Merci, les gars ! À charge de revanche !

Lorsque leur barque a disparu en direction de la côte, l'homme de vigie ne peut s'empêcher de remarquer :

— C'est biza'e, je les ai t'ouvés p'us sympas que d'habitude, les Gau'ois...

V

Au même moment, un peu plus au nord sur la même mer, la proue hideuse d'un drakkar viking fend les vagues sous un ciel plombé. Il fait un froid de pingouin, mais les guerriers, qui doivent ramer de toutes leurs forces, transpirent comme des brutes. Alignés là, assis sur leurs bancs de rameurs, on reconnaît Nescaf, Stylograf, Bathyscaf, Epaf et Caraf. Ils suivent le rythme donné par leur chef :

— Allez, fainéants ! Souquez ferme ! ! !

Puis Grossebaf remarque Olaf qui est inoccupé.

— Olaf, rends-toi utile ! lui crie-t-il. Va ravitailler l'équipage !

— Oui, chef !

De sa démarche pataude, Olaf va débloquer les roues du chariot repas et commence à faire le service dans l'allée centrale du drakkar, en longeant les bancs de rameurs. Le choix est réduit :

— Saumon frais ? saumon fumé ? propose-t-il.

Il distribue ses plateaux et les rameurs ont droit à une courte pause pour manger. Bientôt, Olaf parvient à la hauteur d'un Viking qui n'a pas l'air très à l'aise, dissimulé sous une peau d'ours. Au moment de faire son choix, cet étrange guerrier prend une voix étouffée :

— Shaumon pour moi, merchi.

Olaf n'est pas malin-malin, mais quand même quelque chose l'intrigue. Il se penche pour mieux regarder ce rameur aux grands yeux bruns qui se détourne.

— T'es nouveau, toi ?

Mais soudain, une vague arrive par le travers et fait basculer le navire sur le côté. Olaf et son chariot de saumon sont précipités vers tribord, contre le bastingage opposé.

Puis, le retour de la vague précipite à nouveau le chariot, vers bâbord cette fois. Pour échapper au choc, l'étrange guerrier bondit sur ses pieds et se juche sur le rebord du bastingage, mais il perd l'équilibre et tombe dans les eaux tumultueuses et glacées de la mer du Nord !

Heureusement, l'athlétique Bathyscaf a le bras long. Penché au-dessus des vagues en furie, il réussit à récupérer le malheureux par un pied. Une fois ramené sur le pont, le guerrier est dans un piteux état. Il semble avoir subitement maigri et sa coiffure défaite se sépare en deux longues couettes rousses. Quant à ses moustaches, ce n'étaient que des plumes d'édredon qui sont maintenant toutes mouillées !

Venu aux nouvelles, Grossebaf sent une formidable colère l'envahir. En effet, il vient de reconnaître ce rameur clandestin... D'une voix de stentor qui fait trembler la mâture, il tempête, tout en sortant son glaive :

— ABBA ? !... PAR THOR, QU'EST-CE QUE TU FAIS LÀ ? ! JE T'AVAIS INTERDIT !

Mais la jeune fille ne manque pas de courage. Dressée sur ses mollets fins et musclés, elle tient tête à son père, et à la stupeur générale, elle crie même encore plus fort que lui :

— EH BIEN JUSTEMENT ! J'EN AI ASSEZ DES INTERDITS ! ASSEZ DE RESTER À LA MAISON, COMME UNE

ESCLAVE ! MOI AUSSI, JE VEUX POUVOIR ME BATTRE CONTRE LES BARBARES ET ENVAHIR LEURS CONTRÉES !

Échappant à la main de son père qui tente de l'arrêter, elle fait volte-face et se hisse le long d'un mât pour surplomber l'assistance. Là, elle poursuit son discours, essayant de rallier les guerriers à sa cause :

— NOUS LES FEMMES, UN JOUR ON AURA NOTRE REVANCHE ! UN JOUR VIENDRA OÙ L'ON AURA LES MÊMES DROITS QUE LES HOMMES !

À la fois amusés et admiratifs, quelques guerriers commencent à l'acclamer :

— OUAIS ! ! ! ELLE A RAISON ! LES FEMMES AU COMBAT !

Un peu surpris par le succès de sa fille, et assez fier d'elle, au fond, Grossebaf change de stratégie. Il essaie maintenant de l'amadouer :

— C'est fini, oui, vilaine fille ? !

Non, ce n'est pas fini : Abba est de plus en plus exaltée. Elle s'adresse aux hommes, à la mer, au ciel tout entier, et aux Dieux du Walhalla :

— NOUS AUSSI ON VEUT CONNAÎTRE LA PEUR ! NOUS AUSSI ON VEUT VOLER !

Parmi les guerriers qui maintenant l'acclament, seul Olaf n'a toujours pas reconnu Abba. Se tournant vers Grossebaf, il lui demande, le front bas et l'œil éteint :

— C'est qui, ce malade ?

— C'est ma fille, abruti !

— Ah ...votre fille est un homme ?

Ulcéré, le chef se retient de ne pas lui casser son glaive en deux sur la tête. Pendant ce temps, debout sur leurs sièges, tous les rameurs se sont mis à scander :

— ABBA, AVEC NOUS ! ! ABBA ! ! ABBA ! !

Pour Grossebaf, il est temps que les choses cessent et que l'ordre revienne à bord. Il doit retrouver son prestige de chef d'expédition. Profitant des énormes vagues qui secouent à nouveau le drakkar, il clame :

— Attention, nous traversons une zone de turbulence ! Tout le monde à son poste et attachez vos ceintures !

Aussitôt demandé, aussitôt fait. Chacun se rassoit et boucle son ceinturon, d'autant qu'une voix venue du haut d'un mât ne tarde pas à faire entendre un cri agréable aux oreilles de tous les marins :

— TERRE ! TERRE EN VUE ! !

VI

Après deux ou trois jours d'entraînement, Astérix et Obélix pensent avoir un peu éduqué Goudurix. Suffisamment en tout cas pour venir au rapport devant leur chef Abraracourcix qui les reçoit dans sa hutte.

— Alors ? leur demande celui-ci. Ça se passe bien avec mon neveu ?

— Formidable... il fait des progrès tous les jours !

— Il y a du boulot, mais on se donne du mal !

— En tout cas, il est ravi ! assure Obélix qui a fini par prendre Goudurix en affection.

— Ravi, vraiment ? fait Abraracourcix, les sourcils froncés. Bonemine !

Bonemine, son épouse, tire le rideau devant lequel elle était postée et dévoile Goudurix, tout tremblant et complètement paniqué, qui recule en voyant Astérix et Obélix.

— Noooon ! Pas eux ! gémit-il. Par pitié, tonton, ne me laisse pas avec ces fous ! !

Astérix et Obélix se regardent, interloqués. Abraracourcix, furieux, leur dit :

— C'est sans doute ça que vous appelez « ravi » ?

— ... ben, en fait...

— ... nous on pensait que...

— Je vous ai confié une mission ! s'emporte leur chef. Vous devez en faire un homme !

— Oui, mais bon... intervient Goudurix, ça va pour moi, je suis très bien comme je...

— ... toi, on ne t'a rien demandé ! le coupe son oncle, le sourcil broussailleux et l'œil terrible.

Puis il se retourne vers ses guerriers les plus brillants :

— Quant à vous, vous avez intérêt à trouver une activité qui lui plaise ! Allez, disparaissez !

En sortant de la hutte, Astérix, songeur, glisse à Obélix :

— J'ai peut-être une idée...

L'idée d'Astérix est limpide : transparente même, liquide, et un peu fumante. Elle tournoie dans un chaudron et c'est le druide Panoramix qui l'a préparée. D'ailleurs, c'est le seul à connaître précisément les ingrédients qui la composent. Et il ne se lance pas dans une préparation de ce genre à la légère.

S'il a accepté de préparer une grande bassine de potion magique, c'est parce qu'il faut faire l'éducation guerrière d'un neveu d'Abraracourcix. Un cas d'urgence, en quelque sorte, avant sa visite guidée du camp romain de Petibonum. Déjà une longue file de villageois s'est formée devant la marmite, certains salivant, d'autres se frottant les mains, tous s'impatientant.

Seul Goudurix, à peine réveillé, ne se passionne pas pour ce petit déjeuner à l'odeur bizarre :

— Vous avez entendu ce que mon oncle a dit ? Vous avez intérêt à ce que ça me plaise !

— Ne t'inquiète pas, le rassure Obélix. Tu vas adorer !

Et il le conduit devant le druide, qui tourne patiemment sa louche dans le chaudron. Évidemment, ils dépassent tout le monde et ce n'est pas du goût des plus nerveux. Agecanonix, le doyen du village, joue des coudes pour garder sa place :

— Eh oh, les jeunes ! s'insurge-t-il.

Vous ne pouvez pas faire la queue comme tout le monde ?

— Eh non ! lance Obélix, honneur aux invités !

— Je m'en passerais bien, grommelle Goudurix. Au fait, on prépare quoi, une fête... ?

— Une sorte de fête, oui, si tu veux...

— Et il nous faut un petit remontant !

En contemplant la bouche ouverte d'Obélix, Panoramix secoue la tête et repose sa louche :

— Non, pas pour toi, Obélix, et tu sais très bien pourquoi.

— Ah bon ? Non, on ne m'a rien dit...

Goudurix se penche à son tour au-dessus de la marmite, et renifle, méfiant :

— C'est quoi, ce truc ? C'est bon ? C'est bio, au moins ?

Souriant, Panoramix précise :

— Ne t'inquiète pas, tu vas adorer !

Goudurix avale sa louche de potion, mais la grimace qui tord sa bouche indique qu'il la trouve amère... Et il n'est pas franchement rassuré lorsque, quelques minutes plus tard, noyé au milieu de la troupe de Gaulois, il arrive au pied du camp retranché de Petibonum, son épaisse palissade et ses impressionnants miradors.

Les Romains n'étant pas pressés d'ouvrir, Obélix doit frapper poliment un ou deux coups à la porte. Elle vole en éclats ; pas très solides, les portes romaines. C'est étrange, on ne voit personne à l'intérieur du camp... Il y règne un lourd silence ; c'est à peine si l'on entend, çà et là, quelques genoux qui s'entrechoquent et quelques dents qui claquent. Goudurix secoue la tête d'un air fatigué :

— Elle est nulle, votre fête, il n'y a personne !

Et puis, on entend soudain une série de cliquetis : c'est un Romain en grande tenue de légionnaire, un seul, qui sort d'une tente, brandissant sa lance vers les Gaulois. Après quelques foulées d'élan, il se met à courir vers eux, en lançant un terrifiant cri de guerre latin :

— VENI VIDI VICI !

— Tiens, un nouveau ! dit Astérix.

— J'aime bien, moi, les nouveaux ! fait Obélix.

Le légionnaire vient percuter Obélix dans un grand bruit de métal tordu, mais le Gaulois ne bouge pas d'un millimètre. Il le soulève d'un geste délicat, puis l'enroule dans son bouclier, comme dans une couverture. Il soupire :

— C'est vrai qu'il est tout neuf. Quel dommage de devoir l'abîmer !

— Tu pourrais le laisser au petit : c'est SON examen de passage, après tout !

À regret, Obélix tend le Romain au jeune Gaulois.

— Tu as raison. Tiens, c'est pour toi, Goudurix !

— Qu'est-ce que vous voulez que j'en fasse ? demande celui-ci en écarquillant les yeux.

— Ben, assomme-le ! Un Romain tout frais, ça ne se refuse pas !

— Mais je ne me bats pas, moi ! Je suis pacifiste !

Obélix est consterné. Il se tape du doigt contre la tempe.

— Ils sont fous, ces Lutéciens !

Il attrape la main de Goudurix et lui fait donner une pichenette au Romain. Instantanément, celui-ci est propulsé dans les airs et passe par-dessus la palissade, comme s'il avait été lancé par une catapulte. Effaré, Goudurix regarde sa main sur toutes les coutures. Il n'en croit pas ses yeux. Mais il n'a pas le temps de réfléchir... La horde de Gaulois sous potion magique déferle sur l'ensemble du camp, à la recherche de légionnaires cachés. Et ils en trouvent ! Et ils leur donnent des baffes ! Et des magistrales ! Bientôt, c'est un feu d'artifice de Romains qui jaillissent par-dessus la palissade, projetés au ciel comme de vulgaires confettis !

Goudurix garde les yeux en l'air : il cherche à éviter les Romains qui retombent au sol comme des bombes... Même sa colombe doit slalomer d'une aile sur l'autre, entre les projectiles pour éviter d'être touchée ! C'en est trop pour le jeune Lutécien. Il détale comme un fou, sort du camp qui n'est plus très fortifié, et se met à courir le long d'un sentier en pente, à travers la forêt voisine.

Ce n'est qu'une fois arrivé sur le bord de mer, des dizaines de mètres en contrebas, qu'il s'arrête et tente de reprendre son souffle. Au loin, retentissent encore les cris des soldats romains. Lorsque SMS vient le rejoindre, tout aussi essoufflée, et se perche sur son épaule, il articule péniblement :

— Des fous !... Ce sont... des vrais fous ! !

Hélas, il n'est pas au bout de ses surprises, ni de ses peines. Alors qu'il essaie de calmer les battements de son cœur, une vision d'épouvante le saisit. Là-bas, sur la mer, à l'horizon, se découpe la terrible silhouette d'un bateau étranger dont la proue agressive est sculptée en forme de dragon. Glacé d'épouvante, sa longue mèche blonde dressée sur sa tête, Goudurix bégaie :

— Les VI... Les VIVI... LES VIKINGS ! !

VII

Le drakkar ayant jeté l'ancre, le débarquement s'organise. Les guerriers vikings sautent à l'eau et commencent à établir un camp de base sur la plage. Un peu d'activité n'est pas pour déplaire à la jeune et énergique Abba, car elle s'est plutôt ennuyée pendant cette croisière. Debout sur le pont, elle s'apprête à rejoindre les hommes qui sont déjà à terre.

— Enfin un peu d'action !

Mais une main ferme la retient par l'épaule.

— Toi, tu restes à bord ! lance la voix déterminée de son père.

— Quoi ?

— Tu m'as bien compris !

Et joignant le geste à la parole, Grossebaf entraîne sa fille manu militari vers une sorte de cage étroite, où l'on enferme d'habitude les ours polaires. Il en claque violemment la porte.

— Oh noooon ! ! crie-t-elle.

Piégée, vexée comme un pou mais impuissante, elle ne peut que ronger son frein. Consignée à bord, elle n'entend que des échos de ce qui se déroule sur la plage, devant la tente du chef. Grossebaf s'adresse à ses hommes, distribue ses derniers conseils :

— Écoutez-moi bien, bande de brutes ! Je vous rappelle que nous sommes en voyage d'études, ici ! Il ne s'agit pas de se livrer à la boucherie habituelle !

Ce discours est moyennement apprécié dans les rangs. Certains grommellent :

— Finasser, toujours finasser...

Or, Grossebaf entend bien mener sa mission comme il l'entend :

— Avant de massacrer, on va observer. Nous devons d'abord trouver le champion de la peur que les runes ont désigné ! Une fois que ce sera fait, alors là, oui, on pourra massacrer !

Rien de tel pour remotiver les troupes :

— OUAIS ! ! BIEN PARLÉ !

— VIVE GROSSEBAF ! VIVE NOTRE CHEF !

— ALORS, EN ROUTE !

La troupe s'organise et bientôt, c'est un convoi de farouches guerriers aux casques à cornes qui part en reconnaissance à l'intérieur des terres armoricaines. À une exception près, Olaf, qui n'a pas bougé. Cryptograf, son père, s'inquiète :

— Olaf ? Qu'est-ce qui se passe ? Tu as compris le plan d'attaque ?

— Oui. Euh... non.

— C'est bien ce qui me semblait.

Olaf est très costaud, il est même très baraqué, mais son père voudrait que ses neurones le soient aussi. Il prend quelques instants pour lui expliquer. S'asseyant sur le rivage, il repère deux cailloux allongés, un petit assez mince, et un autre, beaucoup plus gros. Montrant le plus gros, il dit à Olaf :

— Bien, regarde ici : ça, c'est toi.

— Je suis un caillou ?

— Non, imagine juste que c'est toi, gros bêta !

— D'accord.

— Et ce plus petit caillou, là, c'est le champion de la peur.

— On l'a déjà trouvé ?

Cryptograf se racle un peu la gorge, commençant à perdre patience.

— Non, on imagine juste que c'est lui.

— D'accord.

Cryptograf se met à agiter la main, avant de poursuivre :

— Tu vois comme il tremble, tu vois comme il a peur ? Il a peur de l'autre caillou, parce que l'autre caillou, qui est plus gros, c'est toi et que tu vas le capturer !

— Ah.

— Et si tu le captures, tu pourras demander tout ce que tu voudras à Grossebaf notre chef !

— Et qu'est-ce que je voudrai ?

Là, Cryptograf laisse planer un instant de suspense. Il trouve un joli caillou aux formes harmonieuses au milieu des galets et il le montre à Olaf :

— Elle ! s'exclame-t-il.

— Elle ?

— La fille du chef, Abba ! !

— On dirait un caillou.

— ... Tu imagines que c'est elle, Olaf !

— Ah. Et qu'est-ce que j'en ferai si je l'ai ?

— Tu l'épouseras, voyons !

— Ah. Et à quoi ça sert ?

Cryptograf n'en peut plus ; il se met à trépigner et à dévoiler tout son plan, qui est machiavélique :

— Parce que, si tu as épousé la fille du chef, tu deviendras chef, après ! ! Tu comprends mieux, maintenant ?

— Oui, j'imagine que je suis un caillou et que tout le monde est un caillou.

Pendant que Cryptograf a fort à faire avec la matière grise de son fils, Goudurix, lui, qui a rebroussé chemin à toute vapeur, arrive enfin aux portes du fort dévasté de Petibonum.

Les Gaulois se battent encore, et les Romains volants parcourent toujours le ciel en tous sens. Au début, trop essoufflé pour pouvoir parler, il finit par articuler :

— Les Vi... Les Vivi... Les Vikings !

Abraracourcix, occupé à réexpédier un Romain vers les nuages, l'interroge :

— Quoi, les Vikings ? Quels Vikings ?

— Y-y... Y dé-dé... Y débarquent !

— Et alors ? demande Obélix qui distribue une ribambelle de baffes à un Romain qui en redemande.

— Mais... vous ne savez pas qui sont les Vikings ?

— Si, bien sûr ! Des guerriers féroces qui sèment la terreur sur leur passage et qui, après, boivent du calva dans le crâne de leurs ennemis vaincus. Ce n'est pas parce qu'on habite en province qu'on ne se tient pas au courant !

— Mais... ils sont en train de vous envahir ! hurle Goudurix, complètement paniqué.

— Ah non ! S'il vous plaît ! Un envahisseur à la fois !

— C'est vrai, quoi, remarque un Romain avant son décollage. On était les premiers !

Goudurix semble tétanisé. Il en a trop entendu. Il a les nerfs qui lâchent. Mais où sont ses soirées dansantes des arènes de Lutèce, les défilés de chars aux carénages dorés sur les grands boulevards ? Il n'en peut plus, il ne pense qu'à une chose : mettre le plus de distance possible entre ces cinglés de Gaulois et lui. Il prend ses jambes à son cou et disparaît à nouveau vers la forêt. Astérix et Obélix se regardent, à la fois surpris et désolés :

— Qu'est-ce qu'il a ?

— Il a faim, peut-être. Tu crois que je

devrais essayer de lui trouver un sanglier bio ?

— Non, Obélix. Je crois qu'il a juste besoin qu'on lui parle, qu'on lui explique certaines choses.

Et ils s'élancent comme un seul homme pour le rattraper.

VIII

Goudurix n'est pas allé bien loin. Épuisé, les jambes tremblantes, il s'est assis sur un tronc couché au milieu de la forêt, tout aussi abattu que lui. Il a plongé sa tête entre ses mains. Même SMS, qui est venue roucouler à ses oreilles, ne parvient pas à lui remonter le moral. Et encore, il ne sait pas que derrière lui, dissimulé au milieu des feuillages, quelqu'un l'observe. Quelqu'un aux épaules épaisses, au front bas et aux petits yeux méchants...

Astérix et Obélix, qui arrivent quelques instants plus tard, n'en savent, rien, eux non plus. Ils doivent essayer de rassurer Goudurix, c'est ce qu'il y a de plus urgent. Obélix se rapproche d'un pas détendu :

— Houhou !... C'est nous !

— Je vous en supplie, pleurniche Goudurix sans relever la tête. Dites à mon oncle de me laisser partir... je veux rentrer chez moi !

— Pourquoi ? Tu ne t'amuses pas, avec nous ?

— Ben , c'est que...

— On est là pour te protéger, intervient

Astérix en s'asseyant à côté de lui. Il ne faut pas avoir peur !

— C'est ça, mon problème : je ne suis pas fait pour la vie à la campagne, j'ai peur de tout !

— Enfin, Goudurix, nous sommes des Gaulois et les Gaulois n'ont peur de rien !

— Mais moi si ! J'ai peur de tout, moi ! Des abeilles, des menhirs, des sangliers, des Romains, des Vikings ! Je suis un champion, dans mon genre, un champion de la peur !

Et là, quelque chose fait tilt ! dans l'épaisseur embroussaillée du cerveau d'Olaf, dissimulé dans ses broussailles, à quelques mètres de là. Obélix, en voyant Goudurix au bord des larmes, essaie de le raisonner :

— Faut pas avoir peur comme ça, y'a pas de raison... !

En reniflant, Goudurix se blottit contre ses deux amis et caresse la tête de sa colombe.

— Vous avez... snif !... Peut-être raison... Ça va un peu mieux quand vous êtes là !

Derrière ses feuillages, Olaf serre les mâchoires. Il grommelle :

— Gâcheurs ! Saboteurs de champion !

Astérix, lui, n'abandonne pas l'idée de faire un guerrier de Goudurix. D'autant que c'est le chef Abraracourcix qui l'a demandé !

— Allez, dit-il, on va rentrer, maintenant ! On te laisse tranquille cet après-midi et on reprendra l'entraînement demain !

Goudurix ne réagit pas et ne répond rien, mais sa décision est déjà prise.

Un peu plus tard dans la soirée, l'envoyé spécial Olaf a demandé audience à Grossebaf, sous sa tente. Il lui raconte sa mission d'exploration, et lui rapporte ce qu'il a entendu, quelques minutes plus tôt, dans la forêt. Tout d'abord, Grossebaf est sidéré :

— Comment ça, les Gaulois n'ont peur de rien ? Ne me dis pas qu'on a fait tout ce voyage pour tomber sur des ignares !

— Non, chef, il y a une exception, chef.

— Raconte !

— Parmi eux, il y a un champion de la peur.

— Tu l'as vu ?

— Oui, chef !

— En chair et en os ? Et il connaît vraiment la peur, c'est un spécialiste ?

— Le meilleur, chef ! Mais il y a un problème.

Assis du bout des fesses sur son tabouret de chef, Grossebaf trépigne :

— Mais vas-y ! Crache le morceau !

— Quel morceau ?

Grossebaf essaie de rester calme, et de ne pas fendre en deux d'un coup de hache ce pauvre Olaf. Il se radoucit et sa voix aussi :

— Quel problème y a-t-il ?

— Quand le champion de la peur est avec les autres Gaulois, il a moins peur.

Alors Grossebaf ne se contrôle plus : il tape du poing sur la table qui est devant lui et la réduit en miettes.

— Par Thor ! Il faut tout de suite l'arracher à la mauvaise influence de ces barbares !

— Oui, chef !

Grossebaf s'est dressé sur ses jambes épaisses ; il est tout rouge, au comble de l'excitation et les yeux exorbités. Il hurle :

— Ramène-le-moi au plus vite ou tu comprendras pourquoi je m'appelle Grossebaf !

À l'aube du jour suivant, les choses s'accélèrent. Le coq n'a même pas fini de chanter dans le village gaulois que déjà la mince silhouette de Goudurix s'active autour de son char. Les chevaux de son attelage sont frais ; ils piaffent et s'ébrouent, pressés de reprendre la route. Alerté par ce raffut, Obélix arrive sur ces entrefaites, à peine réveillé, ajustant son pantalon. Il est stupéfait :

— Ben, qu'est-ce que tu fais ? Tu ne vas pas t'en aller comme ça ?

— Je fais ce que je veux, grogne le jeune homme, très déterminé.

— Mais ton père ? Qu'est-ce qu'il va penser en te voyant revenir ?

— Je m'en fiche complètement !

Ce comportement attriste Obélix ; il aurait bien voulu que Goudurix reste. Alors il essaie autre chose :

— Tu sais, Goudurix, cette danse moderne que tu nous as apprise, l'autre soir, eh bien je l'ai un peu travaillée. Regarde...

Et il se lance dans une série de pas chaloupés, ondulant des hanches comme sur une piste de danse. Goudurix ne peut pas s'empêcher de sourire, mais il dissimule sa gaieté en laissant tomber ses cheveux longs sur son visage. Pour le reste, il ne se laisse pas fléchir ; il continue de vérifier les fixations de son char.

Obélix ne sait plus quoi faire.

— Attends, lui dit-il, ne pars pas les mains vides ! J'ai une surprise pour toi !

Et il se précipite vers sa carrière, qui est à deux pas. Quelques instants plus tard, il est de retour, un joli menhir tout frais entre les mains :

— Tiens, c'est pour toi, du pur granit armoricain !

Goudurix est tout ému, mais il ne veut pas le montrer.

— Si tu restes avec nous, dit Obélix, je te montrerai comment le porter d'une seule main ! Et en échange, tu m'apprendras d'autres danses... Hein ?

Goudurix ne sait pas trop quoi répondre, il a la gorge serrée. Il se force à prendre l'air décidé :

— Non non, merci, mais il faut que j'y aille !

Et le jeune Gaulois s'apprête à monter à bord de son véhicule. Alors Obélix hoche longuement la tête et va déposer délicatement le menhir dans le char. Les essieux plient et les suspensions s'affaissent.

— Tiens, dit-il. Je te le donne ! Essaie de t'entraîner tout seul chez toi. Je suis sûr que tu vas épater tes copines avec ça !

Sortant de sa hutte au même instant, Astérix cherche à comprendre ce qui se passe, les sourcils froncés :

— Qu'est-ce que vous faites ?

— C'est Goudurix, dit tristement Obélix. Il nous abandonne, il veut retourner chez son père !

— Comment ? Mais tu ne peux pas faire ça, voyons !

Astérix a l'air furieux, mais déjà Goudurix n'écoute plus. Il monte dans son char, cherchant une place dans l'habitacle, à côté du menhir. Astérix prend Obélix à témoin :

— C’est vrai, quoi ! Qu’est-ce qu’on va dire à Abraracourcix ?

Goudurix referme sa portière et tape une dernière fois dans la main d’Obélix. Puis il fait claquer son fouet et ses chevaux démarrent au quart de tour. Le char s’éloigne dans un nuage de poussière, laissant derrière lui, au milieu du village armoricain, deux Gaulois, un très en colère et l’autre, un peu plus enveloppé, très triste.

IX

— Allez ! YEAHHH...

Goudurix excite ses chevaux pour qu'ils accélèrent. Plus vite il sera revenu à Lutèce et mieux ce sera. Son char fonce dans la lande, puis le long des chemins creux bordés de bruyère. Enfin, il entre à couvert d'une épaisse forêt de chênes.

— YEAHHH ! Plus vite !

Goudurix est pressé de rentrer, on le comprend. Mais il a oublié un détail important : le poids du menhir. Brutalement, l'essieu du char se rompt ! Les roues sont projetées en l'air, les chevaux s'emballent, la proue du char fait un sillon dans la terre grasse ! Le jeune Lutécien est projeté à terre, et c'est un miracle s'il ne se brise pas le crâne contre un arbre ! Tout étourdie, sa colombe vole en rond autour de lui, avant d'aller se poser sur une branche basse.

Goudurix ne tarde pas à rassembler ses esprits. Il n'est pas blessé.

— Quelle galère, soupire-t-il. Tout ça à cause de ce menhir à la noix ! Et comment trouver un garage dans le coin ?

Même en tombant sur un garage, jamais

Goudurix ne trouverait de pièces détachées pour son char dernier cri. Mais s'il se plaint ainsi, et parle à voix haute, c'est surtout pour se donner du courage. Il est bien sombre, ce coin de forêt et les petits cliquetis qui retentissent çà et là ne lui disent rien qui vaille.

— ... Astérix ? ... Obélix ? appelle-t-il d'une petite voix plaintive. Vous êtes là ?

Soudain, un casque à cornes émerge des fourrés. C'est Olaf qui dit :

— C'est lui, le champion de la peur ! Mais attention : il faut le ramener vivant !

Trois autres casques apparaissent alors, qui coiffent des guerriers à moustaches blondes : Nescaf, Epaf et Bathyscaf.

— Finasser ! Toujours finasser, marmonne Bathyscaf.

Goudurix, les cheveux hérissés, voit se réaliser son pire cauchemar :

— LES VIVI ... LES VIKINGS !

Ceux-ci sortent des fourrés en hurlant, brandissant glaives et massues :

— Par Thor !... Par Odin !...

Goudurix n'a pas le temps d'en entendre plus : un bon coup de massue l'assomme.

À quelques lieues de là, Obélix déprime, assis devant chez lui. Idéfix, la queue basse et les oreilles tombantes, est dans le même état. Il pense à ShortMessageServix, la jolie colombe.

— Tu te rends compte, soupire Obélix, je n'ai même pas eu le temps de lui apprendre à aimer le sanglier !

Astérix, qui hoche la tête en les regardant, essaie de les raisonner :

— Bon, on ne va pas se mettre à pleurer, non plus. On ne le connaissait pas beaucoup, ce gamin ! Et puis c'est lui qui a voulu partir, non ?

Obélix hoche la tête en reniflant. Astérix lui donne un petit coup de coude complice :

— Toutes ces émotions m'ont ouvert l'appétit, moi ! Qu'est-ce que tu dirais d'un petit sanglier en amuse-gueule ?

— Non, merci. Je n'ai pas très faim. Je suis sûr qu'on aurait fini par en faire un bon guerrier !

Astérix s'apprête à répliquer lorsqu'un piaillement aigu retentit à leurs oreilles. Ils lèvent la tête et aperçoivent un oiseau qui tournoie au-dessus d'eux.

— Ouaf ! ouaf ! fait Idéfix, l'air à nouveau pétillant.

— SMS ?

— Regarde, on dirait qu'elle veut nous parler...

— Oui... Il est sans doute arrivé quelque chose à Goudurix !

Effectivement, la colombe bat des ailes de façon désordonnée et roucoule sans arrêt. Lorsqu'elle finit par repartir, volant en zigzag, Obélix, Astérix et Idéfix lui courent après. Elle les entraîne au-delà de la lande, vers la grande forêt qui s'étend à l'est.

Les deux Gaulois ne tardent pas à tomber sur la carcasse du char, et sur les deux chevaux qui broutent à proximité.

— Un accident ! Goudurix a eu un accident !

Obélix se précipite vers le véhicule, remarquant l'essieu cassé sous le menhir, et secouant la tête.

— Pfff !... C'est de la camelote, ces chars étrangers : tu mets un tout petit menhir dedans, et crac !

— En tout cas, observe Astérix, le pilote n'est plus là... Ça ne lui ressemble pas, de partir comme ça tout seul dans la forêt.

— C'est vrai, fait Obélix... Il aurait quand même emmené mon menhir !

Astérix étudie les branches cassées et

les traces de pas autour du char... Un peu plus loin, il ramasse le glaive de Goudurix, une massue abandonnée et un casque à cornes.

— Obélix... Regarde !

Serrant les poings et crispant les mâchoires, Obélix s'écrie :

— Par Toutatis, il a été enlevé par les Vikings !

La première chose à faire, dans ces cas-là, c'est bien sûr de prévenir le chef du village. Mais en poussant la porte de chez lui, les deux amis ont une surprise. Un inconnu est là, un grand gaillard à l'air jovial, aux moustaches fournies, qui a un petit air de famille avec Abraracourcix.

— Vous tombez bien, leur annonce aussitôt ce dernier. Devinez qui nous rend une petite visite ? Mon cher frère Océanonix, le fameux guerrier, le héros de la bataille de Gergovie !

Océanonix fait le modeste :

— Non, je t'en prie, Abraracourcix, je

n'étais pas tout seul ! En revanche, à Lutèce... mais bref : je n'ai pas beaucoup de temps. Je suis juste passé en coup de vent pour faire un petit coucou à Goudurix, mon fils. Comment va-t-il ?

Subitement, Astérix et Obélix se sentent dans leurs petits souliers... Ils regardent par terre, en réfléchissant à toute vitesse pour trouver une excuse :

— Heu... bien, hem ! ... très bien !

— Je peux le voir ?

— C'est-à-dire...

— Ce n'est pas possible pour le moment parce qu'il...

— Pas possible... ? s'étonne Abraracourcix.

Astérix trouve in extremis une astuce :

— Oui, il est en plein... exercice de camouflage, on ne peut pas le déranger. Le but de cet exercice, c'est justement que personne ne puisse le voir.

— Et quand il est camouflé, il est introuvable ! renchérit Obélix.

Océanonix marque un temps d'arrêt et

se met à éclater de rire, d'un rire bien gras qui sent bon le marcassin grillé à la cervoise. Il tape sur l'épaule de son frère :

— Bien sûr, bien sûr... Ah ah ah ah ! Ils ont de sacrées idées, tes guerriers...

— Ce sont les meilleurs, note modestement Abraracourcix.

— Bon, ce n'est pas grave, je repasserai plus tard... Dites-lui bien le bonjour de ma part ! Et ne le fatiguez pas trop ! Ah ah ah ! !

Et aussi soudainement qu'il était arrivé, Océanonix repart, sortant en coup de vent de chez son frère et sautant à bord de son char. Mais quand la poussière soulevée par ses chevaux s'est redéposée, et que le bruit de la cavalcade s'est éteint au loin, il faut en revenir aux faits. Astérix et Obélix doivent avouer à Abraracourcix qu'ils ont perdu la trace de son neveu. Et là, ça passe assez mal :

— COMMENT ÇA, LES VIKINGS ! ? entend-on tonner d'un bout à l'autre du village.

Les murs de la maison du chef tremblent tellement que l'un des deux boucliers fixés sur la façade se détache et rebondit sur les pierres du dallage.

X

Un lumineux croissant de lune éclaire la mer lorsqu'une petite troupe descend vers le rivage armoricain. La colère d'Abracourcix a été terrible, mais brève. Très vite, les Gaulois ont compris qu'il fallait réagir, contre-attaquer, ne pas se laisser distancer par les Vikings. Une expédition a été décidée, dès la nuit tombée. Tandis qu'Obélix soulève un bateau à bout de bras pour le mettre à l'eau, Abraracourcix pose sa main sur l'épaule de son petit guerrier préféré :

— Astérix, la vie de mon neveu et l'honneur du village sont entre tes mains. Je compte sur toi !

— J'irai au pays des Vikings, Abraracourcix et je ramènerai Goudurix avant la prochaine pleine lune !

— Ouaf ouaf ! lance Idéfix.

Il est prêt.

— Moi aussi ! dit Obélix, qui repasse en courant avec une douzaine de sangliers rôtis empilés sur son épaule gauche.

— Qu'est-ce que c'est que ça, Obélix ?

— Ben... des rations de survie ! On part pour un long voyage, non ?

Tandis qu'Astérix se gratte la tête et que le navire s'enfonce un peu sous le poids des victuailles, le druide le prend à part :

— Tiens, Astérix, voici une gourde de potion, tu risques d'en avoir besoin.

— Merci, Panoramix. Mais dis-moi, vers où devons-nous naviguer pour atteindre les contrées vikings ?

— Ce n'est pas compliqué. Tu devras te guider aux étoiles et en particulier toujours avoir celle-ci en face de toi, là, qui brille au-dessus de la mer. On l'appelle l'Étoile polaire. Sinon, ce n'est pas très bien indiqué. Il faut surtout penser à éviter les icebergs. Et une fois arrivé dans la nuit polaire, ne rate pas l'entrée du fjord sur la gauche.

— Bien, compris. Merci, Panoramix.

Astérix accroche sa gourde de potion à sa ceinture et rejoint Obélix qui a déjà pris place à bord aux côtés d'Idéfix.

— Faites attention à vous ! leur lance Abraracourcix.

— Sois tranquille ! Au revoir !

Propulsé par Obélix, le navire lourdement chargé s'éloigne de la terre ferme et prend plein nord, en direction de l'étoile polaire.

Au même moment, Goudurix est réveillé par le contenu d'un seau d'eau glacée qui lui est jeté au visage. Il s'ébroue, écarquille les yeux et constate qu'il est allongé sur le pont d'un navire. Il fait nuit. Dans la pénombre, il distingue les silhouettes de deux énormes Vikings penchés sur lui. L'un d'entre eux dit :

— Ça va, il n'a pas l'air trop abîmé.

Horrifié, Goudurix balbutie en reculant :

— Non, pitié, laissez-moi !

L'un des Vikings se creuse la cervelle.

— Pitié ? Qu'est-ce que c'est que ça, encore ?

L'autre hoche la tête, et fait son connaisseur :

— C'est sûrement encore une de leurs inventions. Ah, il est fort !

Le jeune Gaulois, paniqué, cherche à

s'échapper ; mais il se cogne à chaque fois contre l'un de ces guerriers qui portent des têtes de mort en pendentifs. Grossebaf, qui surveille la scène, intervient :

— Attachez-le, il vaut mieux ! Si ça se trouve, il a peur, et il va lui pousser des ailes ! Je n'ai pas envie qu'il s'envole, moi !

Goudurix tente de se défendre mais, en un tournemain, il est ligoté au grand mât.

— Alors ! gronde Grossebaf en approchant son mufle puissant du minois délicat du Lutécien. T'es bien attrapé, là ! T'es coincé ! Tu ne peux plus aller t'amuser avec tes copines les mouettes !

Goudurix ne comprend pas bien ce que lui dit le chef viking, mais il donnerait des bassines entières de sesterces pour pouvoir s'échapper de là. Et puis, petit à petit, bercé par le balancier du drakkar sur les mers boréales, il s'endort, plongeant dans un sommeil entrecoupé de cauchemars.

C'est là, au matin, ligoté à son mât,

qu'il reçoit deux visites. La première est roucoulante et vient se poser directement entre ses mains. Rien ne pouvait lui faire plus chaud au cœur.

— SMS..., murmure-t-il... ma petite colombe... tu es vivante !

Il porte à ses joues l'oiseau fatigué qui l'a retrouvé :

— Quel instinct tu as eu !

Et comme s'il voulait s'en convaincre lui-même, il ajoute :

— On va s'en sortir, je te le promets !

La deuxième visite est plus inattendue. Alors que le Gaulois grelottant parle à l'oreille de sa colombe, une jeune fille viking vient s'agenouiller devant lui. Goudurix s'attendait à bien des surprises, mais pas à la présence à bord d'une ravissante fille du Nord, aux longues tresses rousses et aux yeux mutins ! Spontanément, elle s'adresse à lui :

— Il est chouette ! C'est ton oiseau ?

Goudurix hoche la tête, intimidé. Il hésite avant de répondre :

— Oui, c'est SMS, mon messager.

La jeune fille s'aperçoit que le prisonnier tremble. Alors elle se redresse, ôte la peau d'ours qui l'enveloppait et la pose sur les épaules du jeune homme. Elle est encore plus belle sans son manteau et Goudurix peine à avaler sa salive :

— ... Merci. C'est sympa !

Elle semble très curieuse, pressée d'en savoir plus sur lui.

— Alors, c'est toi le champion ? demande-t-elle en s'approchant encore un peu plus de lui.

— Je m'appelle Goudurix. Et toi ?

— Moi, c'est Abba, dit-elle sur un ton chantant.

Et puis, voyant qu'il n'arrête pas de trembler, elle pose ses doigts frais sur son front :

— Tu as de la fièvre ?

— Non, je crois juste que... j'ai un petit peu peur !...

Elle l'observe, fascinée, avant de murmurer :

— Tu as de la chance !

— De la chance ?

— Ben oui ! C'est génial de pouvoir voler !

Abba se relève, ayant pris SMS entre ses mains. Elle gagne le milieu du pont et, là, se met à tournoyer comme si elle dansait, levant la colombe très haut au-dessus de sa tête. Elle se met à rêver, de sa jolie voix :

— J'aimerais tellement planer comme un oiseau sur la mer, puis monter plus haut, toujours plus haut... jusqu'au soleil !...

Elle finit par lancer la colombe dans les rafales du vent marin, puis revient soudain s'agenouiller devant Goudurix.

— Tu m'apprendras ?... demande-t-elle.

— Euh...

— S'il te plaît, dis-moi ton secret ! Je rêve de caresser les nuages !

À la façon qu'elle a de le regarder, Goudurix est complètement ensorcelé. Mais il garde un minimum d'esprit pour pouvoir lui dire :

— Si tu m'aides à rentrer chez moi, oui, je veux bien essayer de t'apprendre...

Mais une voix caverneuse retentit soudain, qui les fait sursauter.

— Qu'est-ce que tu fais là, Abba ? Je t'ai dit cent fois de ne pas parler aux inconnus !

C'est Grossebaf, rouge de colère, qui vient d'arriver sur le pont. Abba se relève en soupirant, excédée :

— Oh, papa... On discutait, c'est tout !

— Pas de ça sur mon drakkar ! fulmine

son père. Ici, tu ne dois discuter qu'avec moi !

À regret, Abba se retire, mais elle envoie un long regard réconfortant à Goudurix. Celui-ci la regarde partir la gorge serrée, comme s'il regardait s'éloigner, sur les vagues, la bouée de sauvetage qui lui était destinée...

XI

Sur les mers du Nord, entre les tempêtes de neige et les périodes de froid intense, la navigation est difficile et Astérix est soucieux. À cause de la nappe de brouillard qui les environne, il a du mal à garder le cap indiqué par Panoramix. Depuis plusieurs nuits, l'Étoile polaire est invisible. Obélix aussi est angoissé :

— J'AI FAIM ! !

— Je t'avais dit, Obélix, de ne pas

manger toutes les rations de survie le premier jour !

— J'ai fait ça ? Je ne m'en souviens pas.

Astérix préfère ne pas insister. Leur embarcation dérive lentement sur une mer toute blanche, d'énormes icebergs sortant de la brume au dernier moment.

— C'est une vraie purée de pois, ici !

— Hum, c'est si bon, la purée de pois, soupire Obélix.

Son ventre grogne, Idéfix grogne aussi et Astérix réfléchit. Après avoir levé encore une fois les yeux vers le ciel sans même apercevoir le sommet du mât, il propose une manœuvre originale. Une méthode audacieuse qui a disparu depuis de tous les codes de navigation. Il monte sur les mains croisées d'Obélix, comme on fait à la courte échelle et lui dit :

— Vas-y ! Tu peux me lancer en l'air ! Mais n'oublie pas de me rattraper !

Aussitôt dit, aussitôt fait : les bras d'Obélix se détendent comme des ressorts et voilà Astérix propulsé au niveau des nuages, bien au-dessus de la couche de brume. Là-haut, le ciel est clair et l'Étoile polaire apparaît nettement. On dirait même qu'elle s'est un peu rapprochée. Retombé dans les bras d'Obélix et revenu sur le pont, Astérix n'a plus qu'à tourner un peu son gouvernail pour rester dans le bon axe.

— Tu n'as pas vu de sangliers marins, par hasard, là-haut ?

— Non, Obélix, désolé, je n'ai pas vu de morses.

Et ainsi se poursuit, ponctuée de soupirs, leur longue route de navigateurs affamés, à destination du mystérieux pays viking.

À quelques dizaines de milles marins plus au nord, l'expédition menée par Grossebaf rentre au port. Le fier drakkar à tête de dragon s'engage dans un fjord étroit, bordé de falaises glacées et vertigineuses. Au sommet des falaises, s'étendent d'impénétrables glaciers, sillonnés de coulées de lave et surplombés par les bouches fumantes d'un volcan en activité.

Goudurix, toujours attaché à son mât, jette alentour des regards affolés. S'il claque des dents c'est parce qu'il est frigorifié, bien sûr, mais aussi parce que le décor lui flanque la trouille. Il découvre une côte sauvage, déchiquetée, jonchée de squelettes de baleines et de drakkars échoués. Un décor d'épouvante. Au fond du fjord, enfin, apparaît un petit port à peine visible sous son épaisse couche de neige.

Les hommes descendent à terre, heureux de retrouver leur pays natal, comme après chaque voyage. Goudurix, qui doit débarquer sur la terre gelée, lui aussi, se demande quel sort va lui être réservé. Mais, pour l'instant, on ne lui dit rien.

Une colonne se forme car, pour monter jusqu'au village, il faut emprunter un chemin escarpé et passer sur d'impressionnants ponts suspendus. Cheminant entre deux guerriers patibulaires, Goudurix parvient quand même à se faufiler jusqu'à Abba, dont l'élégante silhouette avance à quelques mètres devant lui. Il l'interpelle à voix basse :

— Eh ! Tu as parlé de ma libération à ton père ?...

— Et toi, réplique la jeune fille du nord, tu as pensé à ta promesse de m'apprendre à voler ?

— Hum... c'est que, oui, bien sûr... je me demandais juste quel sort les Vikings réservent à ceux qui n'ont pas tenu leurs promesses ?

Abba sourit. Elle montre du doigt une forme étrange en partie décongelée, qui sort à moitié de la paroi glacée.

— Ceux qui mentent, tu veux dire ? Eh bien regarde.

C'est un squelette encore accroché à la montagne, que le dégel fait remuer au passage des visiteurs. Sa tête se décroche de quelques centimètres et vient se balancer sous le nez de Goudurix. Horrifié, celui-ci devient verdâtre, ses dents du dessous attaquent celles du dessus et ses jambes le lâchent. Il tombe à genoux aux pieds d'Abba.

— Qu'est-ce que... qu'est-ce que c'est que ça ?

— Le dernier qui m'a menti, fait Abba d'un air détaché. Papa ne l'a pas supporté.

Pendant tout le reste de l'ascension, Goudurix préfère rester silencieux.

Pour fêter le retour des valeureux guerriers, on se dépêche de préparer un banquet et, chez les Vikings, on ne fait pas les choses à moitié. Dans les cuisines de la taverne, on a fait rôtir un petit baleineau, qu'on a découpé en tranches. On a fricassé des gigots de morse et des têtes d'ours en gelée reposent sur leur lit de harengs fumés. Pour faire passer le tout, des bonbonnes de calva en peau de phoque sont suspendues devant chaque convive.

Grossebaf, en chef responsable, tient à ce que Goudurix ait la place d'honneur : entre sa fille Abba et lui-même.

— Je lève mon crâne au champion de la peur ! ! clame-t-il d'entrée.

Alors, tout autour de la longue table du banquet, les Vikings lèvent leurs crânes en direction de Goudurix. Et leur rugissement déferle comme une tempête sur la banquise :

— AU CHAMPION ! ! GLOIRE AU PEUREUX ! ! !

En voyant tous ces crânes aux orbites creuses s'approcher de lui, Goudurix n'est pas très à l'aise :

— Ils... ils vont me tuer ? demande-t-il à sa voisine Abba.

— Mais non, sourit celle-ci. Ils boivent à ta santé !

— C'est curieux, poursuit Goudurix, j'ai l'impression que c'est dans mon crâne qu'ils vont bientôt boire !

Au même instant, Grossebaf lui tend une tête de mort débordant d'un liquide rougeâtre :

— Allez, un crâne pour mon ami le champion !

Goudurix hésite. Ce qui clapote dans le crâne lui donne plutôt envie de vomir :

— C'est que... je ne suis pas très habitué aux alcools forts...

Grossebaf hurle en lui faisant les gros yeux :

— BOIS ! PAR THOR ! !

Sans se le faire répéter, le Gaulois avale de longues rasades du liquide rougeâtre... et passe par toutes les couleurs de l'arc-en-ciel ! Il doit se lever tellement c'est fort et tant ça le fait tousser. Heureusement qu'il a les amygdales bien accrochées ! Hilares, les Vikings laissent éclater leur joie. Grossebaf et Abba lui donnent quelques tapes dans le dos et tout le monde applaudit en chantant :

— Il est des nô-ô-tres, il a bu son crâne comme les au-au-tres !

Tandis que se déroulent ces festivités, dans la joie et la bonne humeur, l'embarcation gauloise a profité d'un vent favorable et s'est rapprochée des terres glaciales. L'Étoile polaire semble maintenant faire du surplace, alors Astérix comprend que leur but est proche. À la lueur du clair de lune, les rives du fjord ne sont pas très accueillantes. Obélix est mélancolique. Pour la centième fois, il remonte un fil à pêche des profondeurs glacées ; mais il n'y a rien au bout. Tous les poissons semblent avoir émigré vers des mers plus chaudes.

S'il est déprimé, ses narines, elles, sont hyperactives. Elles localisent soudain un fumet délicieux, une odeur de saumon grillé aux herbes, qui descend des hauteurs de la falaise :

— Dis, Astérix, tu sens ça ?

Chez Astérix, ce sont plutôt les oreilles qui sont en éveil. Il vient d'entendre les échos d'une sorte de fête, où l'on chante et où l'on rit fort :

— Regarde, ça vient de là-haut !...

En effet, au sommet de la falaise, dansent les éclats de grands feux récemment allumés. L'embarcation gauloise aborde silencieusement au port désert, et les deux envoyés spéciaux d'Abraracourcix débarquent sur le sol enneigé.

— Ouaf Ouaf !

Les trois envoyés spéciaux.

XII

C'est vraiment la grosse fête dans la taverne viking. D'ailleurs, on ne peut entrer que sur invitation. À l'entrée, un portier soupçonneux surveille les arrivées et colle des tampons sur les poignets des participants.

À quelques mètres de là, en retrait, Astérix et Obélix discutent du meilleur plan à suivre.

— S'ils nous empêchent de passer, chuchote Astérix, on leur rentre dedans et on s'explique après !

— Très astucieux ! applaudit Obélix. Ça, c'est ce que j'appelle un plan !

Mais Astérix essaie quand même de mettre un peu de finesse dans ce monde de brutes. Avisant des vêtements vikings qui gèlent sur un fil à linge, il a l'idée de s'en revêtir, pour se déguiser. C'est ainsi que, quelques instants plus tard, deux Vikings inconnus se glissent à la suite des autres, dans la file d'attente devant la taverne. Le portier fait l'appel :

— Télégraf ? Sténograf ? Steffigraf ? Nescaf ? Dactylograf ? Vous pouvez entrer !

Pendant que les heureux élus se pressent à l'intérieur de l'établissement, Obélix ne peut s'empêcher de rigoler :

— T'as entendu, Astérix, ils ont tous des noms en « Af » !

— Ouaf, ouaf ! ricane Idéfix, dissimulé sous la fourrure de son maître.

Mais Caraf, le portier, a l'oreille fine.

— Qu'est-ce qui te fait rire, idiot ?

Obélix se prépare à lui expliquer, mais Astérix le précède :

— Bonsoir, nous sommes de passage au village. Mon nom est Astéraf. Et voici Obélaf.

Cette fois, Obélix en pleure de rire. Mais le portier est intraitable.

— Vos noms ne sont pas sur la liste. Désolé, c'est une soirée privée !

— On voudrait seulement jeter un coup d'œil, réplique Astérix, dont le regard commence à s'assombrir... On cherche quelqu'un.

— Pourquoi tu discutes ? lui dit Obélix à l'oreille. On a dit qu'on leur rentrait dedans, oui ou non ?

Pendant qu'ils discutent, Caraf et Stylograf, appelés en renfort, se font menaçants :

— Par Thor ! beugle Caraf.

— Par Odin ! meugle Stylograf.

— Pardon ? fait Astérix, tout en avalant une gorgée de potion magique.

Et d'un coup de poing de bas en haut, il expédie Caraf vers le ciel étoilé.

— Ah... tout de même ! approuve Obélix en envoyant Stylograf rejoindre son comparse.

Se massant le poignet, il prend Astérix à témoin :

— Ils sont plus solides que les Romains... tu trouves pas ?

— Oui... et en plus on dirait qu'ils n'ont pas peur ! remarque son ami gaulois.

Ils entrent dans la taverne bruyante. Là, Obélix tombe en arrêt devant un demi-phoque persillé, encore tiède.

— Voilà des gens qui savent recevoir, dit-il en gobant l'animal comme une grosse huître.

Il s'empare aussi de quelques entrecôtes d'ours, et tout de suite après les avoir avalées, il se sent beaucoup mieux. De son côté, Astérix a fort à faire avec un garde armé ; il est obligé de s'en débarrasser d'un direct au foie. Le pauvre Viking va finir sa course sur la table d'honneur, là où Grossebaf dégustait justement le contenu d'une marmite fumante. Et Grossebaf a horreur d'être dérangé quand il mange. Il se lève d'un coup, encore recouvert de la sauce qui a giclé.

— Qu'est-ce qui se passe, ici ? On ne peut plus manger son morse à la crème tranquille ?

À ces mots, Obélix accourt.

— Morse à la crème ? demande-t-il en se léchant les moustaches. Vous le faites comment, vous, le morse à la crème ?

Pris par les sentiments, Grossebaf sourit comme un gros bébé. C'est son péché mignon, le morse à la crème.

— Eh bien, euh... C'est simple, vous faites exactement comme les fraises à la crème, sauf qu'à la place des fraises, vous mettez du morse.

Une lueur d'amitié s'allume entre ces deux hommes que le morse à la crème a réunis. Mais elle s'éteint vite. Grossebaf réalise qu'il a affaire à de parfaits inconnus.

— Mais qui êtes-vous, par Thor ? éructe-t-il.

— Nous sommes Astérix et Obélix. Nous venons récupérer un jeune Gaulois que vous avez enlevé.

— Ah, votre fameux champion !

— Le champion ? s'étonne Astérix. Champion de quoi ?

Grossebaf tend le bras vers une table, au fond de la taverne, où la fête bat son plein :

— Le champion de la peur ! C'est un petit prodige, dans son genre.

Dans son genre, Goudurix apparaît plutôt comme un as du « hippope » ; une danse lutécienne où l'on se trémousse comme un hippocampe. La tête en bas, tournant sur une main au milieu d'une des tables du banquet, il a fait le vide autour de lui et les jeunes femmes vikings en sont toutes chamboulées. Sa colombe tournoie au-dessus de lui, il est beaucoup plus détendu qu'au début du repas.

Astérix et Obélix en restent bouche bée.

Pour un otage, Goudurix se porte comme un charme ! Il saute soudain sur la piste où des guerriers se dandinent et va chercher Abba qui est timidement restée à l'écart. Il l'entraîne sur la piste. Ils se mettent alors à onduler en rythme, de façon très collée-serrée...

Cependant, dans un coin reculé de la salle, le mage Cryptograf fait sa tête des mauvais jours. Le comportement de ce jeune Gaulois risque de réduire ses efforts à néant. Il interpelle son fils qui sculpte distraitement un morceau de bois :

— Tu devrais surveiller ta fiancée, Olaf...

— J'ai une fiancée, moi ?

Puis voyant la colère monter dans les yeux de son père, il s'empresse de rectifier :

— Ah si, oui-oui !

Considérant Goudurix qui enlace Abba, Cryptograf crache :

— Amuse-toi bien, champion... demain, tu riras moins !

Sur ce, le morceau de musique se termine, et Goudurix salue, acclamé par toute l'assistance :

— Vive le champion ! Vive le champion !

SMS aussi salue, en inclinant les ailes et Abba semble aux anges. Mais les envoyés spéciaux d'Abraracourcix n'ont pas le temps d'applaudir, eux. Ils ont une mission. D'un pas décidé, Astérix s'approche de Goudurix et le saisit par le bras.

— C'est ça, vive le champion ! Et maintenant, champion, tu dis au revoir à tout le monde : on rentre à la maison !

Goudurix essaie de se dégager :

— Mais je viens à peine d'arriver ! geint-il.

— Ton père va venir te chercher au village. Nous devons te ramener avant la prochaine lune !

— Oh non, pitié... pas mon père !

À ce moment-là, les Vikings prennent l'air contrarié et braillent tous en chœur :

— OH NON, PITIÉ !... PAS SON PÈRE !

Se sentant soutenu, Goudurix en profite :

— Vous ne me ramènerez pas, je reste ici. JE RESTE AVEC EUX !

— IL RESTE AVEC NOUS ! AVEC NOUS ! scandent les Vikings.

Astérix est désorienté.

— Enfin, tu ne connais pas ces gens, Goudurix, tu ne sais pas ce qu'ils te veulent !

— Ils me prennent pour un champion, eux !

— Mais ton père s'inquiète, Goudurix !

Alors le jeune Gaulois se fâche. Prenant Astérix et Obélix de haut, il leur déclare :

— Mon père ! ?... Il ne s'est jamais occupé de moi !... Tout ce qu'il veut, c'est éviter de m'avoir dans ses pattes ! S'il tenait tant à moi, il ne m'aurait pas envoyé chez des gros ploucs !

Soudain, le silence se fait. Astérix et Obélix se regardent, croyant avoir mal entendu :

— Des gros ploucs ?

— Parfaitement ! Vous êtes des brutes épaisses, vous m'avez fait vivre un cauchemar ! Eux, au moins, ils traitent les gens à leur juste valeur !

— OUAIS !... hurlent les Vikings.

— Et leurs filles sont jolies ! ajoute le jeune Gaulois en se serrant contre Abba.

— OUAIS, JOLIES !

Et il conclut :

— Alors fichez-moi la paix ! Je ne veux plus vous voir !

À ces mots, prononcés par Goudurix, les deux Gaulois restent pantois. Ils se décomposent sur pied. Surtout Obélix. Il croit avoir mal compris. Lui qui a tant fait pour Goudurix ! Les larmes lui montent aux yeux. Pudiquement, il se détourne et, sans rien dire, se dirige vers la sortie de la taverne, avançant comme un automate.

XIII

Encore un peu sous le choc de ces mots très durs, Astérix se secoue et se lance à la poursuite de son compagnon :

— Obélix... attends !

Mais celui-ci est dans un état second. C'est à peine s'il bouscule un peu le portier, c'est à peine s'il se rend compte qu'il abat une maison tout entière au moment où il la traverse. Il ne se retourne même pas quand Astérix s'adresse à lui pour essayer de le consoler. Il s'éloigne dans la neige et, blotti au creux de sa peau d'ours, Idéfix pleurniche doucement, lui aussi.

En les voyant quitter le banquet, Goudurix réalise qu'il y est peut-être allé un peu fort. Il est tenté, un instant, de les rattraper et de s'excuser. Mais il est trop fier, il est devant son public et ne veut rien montrer de son émotion. Et quand Abba lui demande :

— C'était qui, ces deux Gaulois ?

Il répond :

— Non, rien c'était personne... je ne les connais pas...

Mais la jeune fille n'est pas dupe... Alors quand, quelques instants plus tard, ils se retrouvent tous les deux pour une promenade nocturne, romantique et glaciale dans les rues du village, elle insiste :

— T'en fais une tête ! Tu avais l'air de t'amuser, pourtant... Ce sont eux qui t'ont cassé le moral ?

Goudurix soupire, il ne sait pas trop quoi répondre. Il repense à ce qu'il a dit. Il aimerait bien pouvoir revenir en arrière et empêcher les mots de sortir de sa bouche, mais c'est trop tard, le mal est fait. Il tente une explication :

— C'est de leur faute, aussi ! Ils ont commencé à me prendre la tête avec mon père ! C'est toujours pareil, et c'est fatigant. Tu ne peux pas comprendre.

Abba sourit, passe ses bras autour de son cou et lui parle à l'oreille :

— Oh si, je peux comprendre ! J'ai un père, aussi, et pas le plus facile ! Allez, fais-moi un sourire... S'il te plaît !

Le jeune Gaulois se détend un peu, amorce un sourire. Abba appuie sa tête contre sa poitrine et ferme les yeux.

À quelques mètres de là, dans la taverne, la fête est interrompue par les chocs répétés d'un bâton de mage contre la paroi d'un crâne à calva. C'est Cryptograf qui voudrait ramener le silence dans la salle.

— Mes amis, dit-il d'une voix forte, je vous propose de porter un toast au héros qui a réussi à capturer le champion de la peur. Ce héros, c'est mon fils, Olaf !

— Ouais ! Vive Olaf ! Vive le champion ! ! ! crient les Vikings en levant leurs crânes, une fois de plus.

— Et à ce sujet, continue Cryptograf en se tournant vers Grossebaf, vous n'oubliez pas votre promesse, chef ?

Grossebaf se drape dans sa fourrure polaire :

— Je n'ai qu'une parole, par Thor ! Olaf peut me demander ce qu'il veut. Qu'est-ce qui lui ferait plaisir, à ce grand gaillard ?

Sentant qu'on l'observe, Olaf cherche quelque chose à dire, puis finalement hausse les épaules. En s'inclinant, son père parle pour lui :

— Chef Grossebaf, mon fils Olaf ici présent a l'honneur de vous demander la main de votre fille, Abba.

Là, il y a un nouveau silence. Grossebaf ouvre de grands yeux et les poils de sa moustache se hérissent :

— La main de ma fille ?

Olaf fronce les sourcils, courroucé :

— Pourquoi sa main, papa ? Son crâne, j'dis pas non, mais sa main, qu'est-ce que tu veux que j'en fasse ?

Cryptograf essaie de le faire taire :

— C'est une expression, imbécile. Tu la demandes en mariage, c'est tout !

— Je demande en mariage la fille au complet, c'est ça ?

— C'est ça, oui !

Sur ce, Abba fait son retour dans la salle et comprend aussitôt que la conversation la concerne... Elle se tourne vers son père, furieuse et les poings sur les hanches :

— Qu'est-ce que j'entends ? Qu'est-ce que c'est que cette histoire ?

— Écoute, ma chérie, il se trouve que...

— Tu as promis ma main à ce crétin ?

Grossebaf a horreur que sa fille lui parle sur ce ton. Si elle cherche la bagarre, elle va l'avoir, foi de chef viking, par Thor, Odin et tous les dieux nordiques !

— Oui, c'est ce que j'ai décidé, grogne-t-il sur un ton menaçant, et tu dois m'obéir !

Abba se rapproche de lui dans une attitude de défi :

— Je n'épouserai jamais cette tête de hareng !

— SI, TU L'ÉPOUSERAS ! hurle Grossebaf. PARCE QUE C'EST ENCORE MOI LE CHEF, ICI, ET QUE JE L'AI DÉCIDÉ !

Vikéa, la femme du chef, se sent obligée de soutenir son mari :

— Il a raison, Abba, ma chérie... C'est la tradition chez nous !

— Parfaitement ! renchérit Grossebaf. Chez nous, les garçons enlèvent les filles en les traînant par les cheveux. C'est comme ça que j'ai fait avec ta mère, et elle ne s'en est jamais plainte, n'est-ce pas, Vikéa ?

— Oui, je m'en souviens comme si c'était hier, répond Vikéa avec un sourire un peu forcé. Tu m'as presque scalpée.

J'avais les genoux en sang et des bleus partout. Ce jour restera dans ma mémoire comme l'un des plus beaux de ma vie...

— Ah, tu vois ? !

Mais à la tête de sa mère, Abba devine que ça n'a pas été si drôle que ça. Elle tente un mouvement vers la sortie, aussitôt contré par son père :

— Arrêtez-la !

Plusieurs Vikings se précipitent, encerclent Abba et, malgré ses coups de poing, parviennent à la maîtriser. Grossebaf donne ses instructions :

— Emmenez-la dans sa chambre ! Elle y restera enfermée jusqu'au mariage !

— TU N'AS PAS LE DROIT ! hurle Abba. TU N'AS PAS LE DROIT DE ME FAIRE ÇA !

Courageusement, Goudurix tente de s'interposer.

— En tant que champion, j'exige que vous la lâchiez immédiatement ! Et sachez que je désapprouve ces...

Un grand coup de massue lui cloue le

bec. Il s'évanouit d'un coup et on ne l'entend plus. Lorsque le calme est un peu revenu dans la taverne, Cryptograf confie à Grossebaf :

— Demain serait un jour idéal pour célébrer ce mariage, non ?

Mais Grossebaf n'est pas tombé de la dernière neige. Il n'oublie pas le contrat qu'il a passé avec Cryptograf, et le lui rappelle en approchant son visage rougeaud de celui du maître des runes :

— En effet. Mais auparavant, n'oublie pas que ton champion doit nous apprendre à voler !

— Ah euh... oui, bien sûr, grimace Cryptograf.

Ce n'est pas gagné.

Du côté d'Obélix non plus : Astérix l'a rattrapé sur le sentier escarpé qui longe les précipices au-dessus des fjords et l'appelle :

— Obélix ! Tu comptes rentrer à pied chez nous ?

— S'il le faut, oui !

Avançant d'un bon pas sur un pont suspendu, ce qui le fait tanguer, Obélix a l'air décidé. Et définitivement fâché. Il arrache son déguisement viking d'un geste énervé. Astérix essaie de trouver les mots pour le ramener à la raison :

— Je comprends ce que tu ressens... Mais les mots ont dû dépasser sa pensée !

— Non, quand on traite les gens de gros, et de ploucs, les mots ne dépassent pas la pensée.

— Ne fais pas l'enfant... Nous avons une mission, c'est de ramener Goudurix au village, chez nous !

Mais Obélix fait celui qui n'entend pas.

Il se penche vers Idéfix, qui court à ses côtés, le prend dans ses bras et le caresse.

— Oh, ça c'est un bon chien, ça ! Ça, c'est un chien qui aime bien son papa ! Lui, au moins, il n'est pas ingrat, comme certains !

— Obélix, enfin, tu n'as pas le droit de tout lâcher !

— Ah oui ? Et on peut savoir pourquoi, môssieur Astérix ?

— Parce que le petit ne s'en rend pas compte, mais il va très vite avoir besoin de nous ! On ne peut pas l'abandonner...

Obélix pousse un long soupir. On dirait que ces quelques mots ont réussi à fissurer sa carapace...

XIV

C'est le lendemain matin que ça se corse. Le coq viking ayant à peine fini de s'arracher le gosier en faisant « Cocoricaf ! », Goudurix est amené sur la place du village et jeté dans la neige. Autour de lui, se regroupent Olaf, Nescaf, Epaf, Steffigraf et Cinematograf. Ils sont prêts pour le spectacle.

— Allez, lui lance Grossebaf, fais-nous peur, champion !

— Moi ? P... peur ? Mais p... pourquoi ? demande Goudurix en claquant des dents.

— Pour qu'on puisse voler, quelle question ! Il est idiot, ou quoi ?

Le jeune Gaulois jette un regard désespéré à sa colombe SMS, qui ne le quitte pas.

— Fous... chuchote-t-il. Ils sont complètement fous !

Grossebaf s'est longtemps retenu, mais là, il ne se maîtrise plus :

— FAIS-NOUS PEUR, J'AI DIT ! hurle-t-il au visage de Goudurix.

— Oui oui... voilà !

Goudurix respire à fond, puis se lance dans une série de grimaces affreuses qui lui tordent les joues, lui sortent les yeux des orbites et lui écartent les narines. Hélas, ce n'est pas le résultat attendu qui se produit : les Vikings éclatent de rire. Sauf leur chef :

— Tu te fiches de qui, là ?

Paniqué, Goudurix saute dans les bras de Nescaf.

— Euh... je crois qu'il y a un léger malentendu... tente-t-il. C'est vous qui me faites peur !

La patience de Grossebaf est à bout. Il empoigne Goudurix par le fond du pantalon et l'emmène.

— Bon, ça suffit. Le champion va nous faire une démonstration !... En route pour la piste de décollage.

Et tout le groupe se dirige vers les hautes falaises qui bordent le village.

Au même moment, Astérix et Obélix sont déjà de retour à la taverne, de l'autre côté du village. À entendre sa grosse voix tendre, on dirait qu'Obélix a déjà pardonné au jeune homme :

— Goudurix ! Hou-Hou ! Mon petit Goudurix !

Mais la taverne, comme les autres maisons qu'ils ont déjà visitées, est déserte. Les Vikings semblent avoir été attirés en dehors du village. En contournant l'établissement, Obélix trébuche contre le corps du portier, toujours à moitié enfoncé dans la neige depuis la fête de la veille. Il le retire de là et lui donne quelques baffes pour le décongeler :

— Eh, toi, dis-moi où est le jeune Gaulois !

Astérix rappelle Obélix à l'ordre :

— Ce n'est pas en l'assommant que tu obtiendras des informations !

— C'était juste pour le réchauffer, s'excuse Obélix, il m'a l'air un peu patraque...

Soudain, une longue plainte retentit et les fige sur place. C'est un cri déchirant qui vient des hauteurs. Là-bas, un jeune homme maigrichon et affolé se tient au bord d'un abîme impressionnant, encadré par deux solides guerriers vikings.

Un blizzard glacial s'est mis à souffler sur la région, tandis que des écharpes de brume envahissent les montagnes, en provenance du pôle Nord. La foule des villageois s'est pressée pour le spectacle : le premier vol du champion des peureux en représentation dans les terres baltiques.

Tout en haut d'un mirador en bois dressé au bord du précipice comme une tour de contrôle, Grossebaf dirige les opérations du meeting aérien. Il communique avec le sol grâce à un porte-voix taillé dans une énorme corne d'aurochs.

Au pied du mirador, surveillé de près par Nescaf et Bathyscaf, Goudurix est à deux pas du vide. Il n'ose même pas regarder vers les profondeurs. Mort de peur, il transpire à grosses gouttes...

— Ça y est, en bas ? demande Grossebaf. Vous êtes paré au décollage... ?

— Affirmatif ! répond Nescaf avec son propre porte-voix... sauf que... Attendez... J'entends un bruit bizarre...

Nescaf se penche vers le jeune homme, inquiet. En tremblant, Goudurix lui explique :

— C'est rien, ce sont mes dents qui claquent !

— Fausse alerte ! reprend Nescaf ; le champion est en parfaite condition de vol ! Demandons autorisation de décoller...

— Autorisation accordée ! lance Grossebaf dans son mégaphone.

Goudurix, dans un dernier sursaut, se met à crier :

— Mais pou... pourquoi moi, à la fin ! Si vous voulez voler, essayez vous-mêmes... !

— Parce que nous on n'a pas peur, alors ça ne marchera pas ! dit Nescaf.

Une voix s'élève alors, grandiloquente. C'est le maître des runes qui interrompt la cérémonie, levant le bras vers le ciel :

— Arrêtez un instant ! Et regardez : Odin nous envoie un signe !

Une épaisse masse de brouillard déferle sur la falaise, noyant tout dans le coton. Du haut de sa tour d'observation, Grossebaf ne distingue même plus le sol.

— Qu'est-ce qu'Odin nous veut, à la fin ? s'impatiente le chef.

— Sans doute une prière, ou un moment de recueillement... suggère Cryptograf.

Alors, tandis que toute l'assistance baisse les yeux en signe de soumission, Cryptograf profite du brouillard pour s'approcher de Goudurix et lui noue une corde élastique autour des reins. Il était temps : déjà Grossebaf rompt la minute de silence.

— Bon, allez, ça y est, Odin est content. Décollage immédiat.

Sans plus tarder, Bathyscaf et Nescaf empoignent Goudurix malgré ses protestations et le balancent dans le vide :

— NOOOOOON ! ! !

La chute du jeune Gaulois est vertigineuse, interminable, il ferme les yeux, crispe les mâchoires, croyant sa dernière heure arrivée, et puis non. Le choc prévu ne se produit pas. La corde a fait son office : arrivée en bout de course, elle renvoie Goudurix au niveau du bord de la falaise. C'est ainsi que les Vikings, stupéfaits, le voient revenir, battant des bras comme s'il tenait en l'air tout seul. La brume épaisse les empêche de distinguer la corde.

Une longue exclamation admirative s'élève de la foule :

— IL VOLE ! ! LA PEUR LE FAIT VOLER !

Grossebaf redescend à toute vitesse de son observatoire. Tout surexcité, il s'adresse à ses hommes :

— Allez, vous autres ! Prenez-en de la graine ! Tout le monde en l'air, et que ça saute !

Tandis que Goudurix se balance toujours à leur hauteur, les Vikings s'approchent du bord de la falaise, enthousiastes.

— OUAIIIS ! s'écrient-ils. DÉCOLLAGE POUR TOUT LE MONDE !

Mais encore une fois, Cryptograf les arrête, brandissant son bâton :

— Un instant, chers amis ! Je vous rappelle que pour voler il faut avoir peur ! Or vous n'avez pas assez peur ! D'autre part, si mes souvenirs sont bons, nous avons un mariage à célébrer !...

Les Vikings se regardent, hochent la tête et approuvent. Ce sont de sacrés fêtards et il n'est pas question de rater une occasion comme celle-là ! Comme un seul homme, ils font demi-tour et retournent en courant au village pour préparer l'événement. Grossebaf, contrarié, préfère ne pas intervenir. Il pousse un long soupir, mais il a donné sa parole, il doit l'honorer.

— O.K. pour le mariage, grommelle-t-il en s'éloignant à son tour.

Une fois que le silence est revenu sur la falaise, on entend une petite voix qui essaie d'attirer l'attention :

— Euh... Et moi, je fais quoi ?

C'est Goudurix, suspendu à sa corde, qui tournoie lentement au-dessus du vide. Sans répondre, Cryptograf se met à gravir l'échelle qui mène au sommet du mirador. Là, dans la brume qui commence à se dissiper, Olaf est assis, une perche à la main. Au bout de sa perche, il y a une corde, et au bout de la corde, on devine qui est suspendu. Cryptograf interpelle son fils :

— C'est bon, Olaf ! Tu peux y aller, je te rappelle que tu es invité au mariage.

— Ah bon ? Chouette !

— Oui, c'est toi le marié.

— Non ?

Cryptograf ne perd pas de temps à tout lui réexpliquer. Avant qu'Olaf ne lâche sa perche, Cryptograf rampe sur le toit du mirador et entreprend de sectionner avec son poignard la corde qui retient Goudurix.

— Eh oui, soupire-t-il de façon hypocrite. Le champion préfère nous quitter maintenant, il veut s'envoler vers l'infini et le Walhalla !

Cette fois, pour Goudurix, la chute est fatale.

XV

Le jeune Lutécien a beau faire des moulinets avec les bras, l'appel du vide est implacable. Mais il tient à la vie et, lorsqu'il aperçoit sa colombe qui est venue voleter autour de lui, il a le réflexe de s'accrocher à ses pattes. Réflexe inutile ? Pas si sûr...

Sa chute se ralentit, se stabilise, même. Goudurix regarde SMS avec stupéfaction ; elle bat des ailes de toutes ses forces.

— T'es costaude, toi, dis donc !

Mais en baissant les yeux, le champion aperçoit une tête qui ne lui est pas inconnue. Celle d'un Gaulois à la moustache fournie et à l'œil pétillant : Astérix. Il soutient la colombe, et lui-même est en équilibre tout au bout des bras d'Obélix, qui est penché au bord de la falaise !

Tout s'explique. Ses amis sont intervenus à temps. Il est sauvé ! À peine retrouve-t-il la terre ferme que Goudurix se jette dans leurs bras, riant et pleurant tout à la fois :

— Oh, merci, merci des milliers de fois ! ! J'ai été injuste avec vous ! Mais que Toutatis me pardonne, je ne savais pas ce que je disais !

Astérix et Obélix ne peuvent pas s'empêcher d'être émus, malgré le souvenir de ces quelques mots qui les ont blessés. Il lui tapent dans le dos et remontent sur son front sa longue mèche blonde alourdie de larmes.

— Allons, allons, c'est oublié...

— L'essentiel est de repartir, maintenant, dit Astérix, de quitter au plus vite ce pays de fous furieux !

— Maintenant ? Mais c'est que...

Goudurix est ennuyé. Quitter cet endroit, oui, bien sûr, mais...

— Il y a un petit souci... Je me suis fait

une amie, ici, et... Voilà, elle va devoir épouser une brute épaisse, parce que c'est le fils du mage et que... hem, le mage a fait croire aux autres que je savais voler et Abba ne sait pas voler, mais...

Il se perd un peu dans ses explications. Obélix l'attrape et le juche sur son dos, bien décidé cette fois, à ne plus le laisser s'échapper.

— Oui, oui, tu nous expliqueras tout ça sur le bateau, dit Astérix.

— Ils sont fous, ces Vikings ! fait Obélix en se tapant du doigt contre la tempe.

— Mais lâchez-moi, enfin ! Je dois aller empêcher ce mariage et ramener Abba !

C'est ainsi que, tout au long de la descente vers le port, il essaie de faire revenir Astérix et Obélix sur leurs pas. Mais c'est peine perdue...

Du côté des Vikings, la cérémonie de mariage s'accélère. On sent l'émotion qui gagne petit à petit les invités. Surtout lorsque Olaf apparaît, traînant Abba par les cheveux sur le sentier caillouteux et verglacé. C'est un grand moment de tendresse. Grossebaf essuie une larme et serre contre lui Vikéa, sa femme, qui murmure :

— Ma jolie petite fille...

— JAMAIS JE NE ME MARIERAI AVEC CETTE FACE DE HARENG ! hurle la jolie petite fille.

Elle se débat de toutes ses forces, mais pas grand-chose ne peut faire lâcher prise à Olaf. C'est un Cryptograf ricanant qui préside la cérémonie car, pour l'instant, tout se déroule selon ses plans...

Quelques dizaines de mètres en contrebas, l'embarcation des Gaulois se faufile habilement le long des côtes du fjord. Goudurix supplie ses amis de faire demi-tour, mais ils restent inflexibles.

— Il faut retourner chercher Abba ! insiste-t-il. Nous devons l'emmener avec nous !

— Non, on n'a pas le temps.

— On ne peut quand même pas enlever la fille du chef, ce n'est pas poli !

— Mais puisque je vous dis que c'est elle qui veut être enlevée ! s'énerve Goudurix.

Au bout d'un moment, Obélix se laisse un peu fléchir. Avec un petit coup de coude complice, il teste son compère :

— Si on allait la chercher, sa petite Viking ? Ça lui ferait plaisir, au petit !

— Pas question ! répond fermement Astérix.

— Allez, ça nous prendrait cinq minutes...

Astérix sent la moutarde lui monter au nez. Il a froid, il est fatigué, il commence à en avoir par-dessus la tête de ces icebergs, de ces Vikings qui sentent l'huile de phoque et des caprices de ce fils à papa lutécien ! Il se plante face à Obélix et lui parle franchement :

— Tu as envie d'avoir tous les Vikings sur le dos, c'est ça ? Pas moi ! Nous avons une mission, Obélix, et elle n'est pas terminée !

Obélix entraîne Astérix à l'écart, derrière la grand-voile, pour que leur jeune ami ne soit pas témoin de leur dispute. Puis il reprend :

— Astérix, je t'aime bien, mais parfois tu as un menhir à la place du cœur ! Ce garçon est amoureux, ça se sent !

— Amoureux ou pas, notre mission n'était pas de lui trouver une fiancée ! Mais de le ramener sain et sauf à son père, qui est le frère de notre chef Abraracourcix !

Les deux Gaulois sont maintenant nez contre nez et crient comme des poissonniers. Ils ne font plus attention à Goudurix qui les observe, de l'autre côté de la voile. Et la gourde de potion magique qui pend à la ceinture d'Astérix donne soudain une idée au jeune homme ! Il avance lentement la main vers elle, tandis qu'Obélix monte encore d'un ton :

— ET VOILÀ, T'AS TOUJOURS RAI-

SON ! MÔSSIEUR ASTÉRIX SE CROIT PLUS MALIN QUE LES AUTRES, COMME D'HABITUDE ! MAIS MÔSSIEUR ASTÉRIX, TOUT MALIN QU'IL EST, IL SAIT PAS PARLER AUX JEUNES !

— COMMENT ÇA, JE SAIS PAS PARLER AUX JEUNES ? C'EST CE QU'ON VA VOIR ! ON VA TOUT DE SUITE LUI DEMANDER, AU JEUNE !... GOUDURIX ! VIENS VOIR...

Astérix soulève la voile et s'arrête net. À part eux, il n'y a plus personne à bord. Il n'y a qu'une gourde de potion magique renversée en train de se vider sur le pont...

— Goudurix !

À quelques encablures de là, fendant les flots glacés, un nageur surexcité est en train de regagner le rivage.

— Il est vraiment têtu, ce gamin, soupire Astérix, en raccrochant la gourde à sa ceinture.

Abba aussi est têtue. Alors qu'on essaie

de l'amener jusqu'à l'autel pour la cérémonie, elle se débat, crie, mord et hurle :

— NON, VOUS NE POUVEZ PAS ME FORCER !

Quatre guerriers essaient de la maintenir face au mage, mais rien n'y fait ! Elle donne des coups de tête, de genou, elle crache, une vraie furie ! Olaf, lui, attend patiemment de pouvoir glisser la bague au doigt de sa fiancée. Quant à Vikéa, elle se blottit contre l'épaule épaisse de son chef de mari :

— Ça me rappelle notre mariage... Tu te souviens, chou ?

— Oui, soupire Grossebaf. Tu m'avais presque arraché la langue quand j'avais essayé de t'embrasser...

— Quel doux souvenir !

Enfin immobilisée, Abba tient tête à Cryptograf :

— Vous ne vous en sortirez pas comme ça ! Vous verrez, quand Goudurix reviendra me chercher !

— Hélas, je crains qu'il ne soit en ce

moment invité au banquet d'Odin, quelque part au Whalalla !

Les yeux d'Abba lancent des éclairs. Il s'en faut d'un rien pour qu'ils n'incendient le maître des runes. Mais une autre surprise attend les participants au mariage... Quelqu'un, qui n'était pas invité, vient de se planter au milieu de l'allée des témoins. Il lance, d'une voix forte :

— Que personne ne bouge !

Toutes les têtes se tournent alors vers ce jeune homme à la longue mèche en travers du visage, qui a une colombe sur l'épaule et qui dit simplement :

— La cérémonie est terminée !

— Goudurix ! s'écrie Abba.

— OUAIIIS ! ! LE CHAMPION ! LE CHAMPION ! hurlent en chœur les Vikings...

XVI

À sa vue, le visage de Cryptograf se vide de tout son sang. Ses traits se tordent, ses yeux mauvais se mettent à loucher.

— Mais qu'est-ce qu'il fait ici, celui-là ? marmonne-t-il d'une voix rauque. Il aurait dû s'écraser sur les rochers !

— Pardon ? demande Abba, qui est toujours à ses côtés.

— Je veux dire... S'envoler... Oui, il aurait dû s'envoler !

Tandis qu'Olaf triture toujours sa bague

de mariage entre ses gros doigts, Goudurix s'approche de l'autel, survolté par la rasade de potion magique qu'il a bue.

— Je viens reprendre cette jeune fille ! clame-t-il d'une voix cinglante. Elle ne va quand même pas épouser cette tête de thon ?

— Une tête de thon ? Où ça ? demande Olaf en se retournant et en cherchant partout.

Goudurix arrache Abba des mains de ses gardiens et, l'ayant mise en travers de ses épaules, quitte les lieux en courant. Surprise et séduite, Abba l'interroge :

— Mais enfin, Goudurix, qu'est-ce qui t'arrive ?

Le Gaulois n'a pas le temps d'expliquer le coup de la potion magique car, après un temps de stupeur, Grossebaf vient de sonner la charge :

— Attrapez-le !

Les guerriers vikings se plantent au milieu du chemin et font barrage à la fuite des deux amoureux. En distribuant quelques baffes d'une seule main, Goudurix parvient à les faire décoller. Mais pas longtemps : ils retombent très vite et très lourdement. Alors il en prend un par un pied et s'en sert comme d'un gourdin pour assommer les autres qui se précipitent. Cette vision est insupportable pour Obélix qui arrive sur ces entrefaites :

— Lâchez ce gamin immédiatement, crie-t-il aux Vikings qui retombent en vrac autour de lui.

Astérix, lui, sent qu'une partie difficile s'annonce ; il décapsule sa gourde pour s'envoyer une bonne rasade de potion dans le gosier. Ils sont résistants, les Vikings : même balancés en l'air d'un coup de poing, ils retombent presque à chaque fois sur leurs pieds !

Pendant que les deux envoyés spéciaux d'Abraracourcix s'occupent de retenir les troupes vikings, Goudurix et Abba se précipitent vers le rivage où les attend le bateau. Pour aller plus vite, ils prennent un raccourci et s'engagent sur une pente verglacée. Bientôt ils ne courent plus, ils se laissent glisser ! En équilibre sur leurs chausses en cuir de renne, survolés par la fidèle colombe, ils dévalent en zigzag de périlleux couloirs de glace ! Le vent siffle à leurs oreilles et fait voler leurs cheveux...

— Le bateau, s'écrie Goudurix en tendant le bras, il est là !

Dans un dernier dérapage à moitié contrôlé, ils s'arrêtent devant l'embarcation des Gaulois, échouée sur la grève. Sa coque est déjà presque prise par la banquise qui se forme à vue d'œil. Pendant que Goudurix s'affaire à la dégager, Abba s'étonne :

— Partir en bateau ? Pourquoi ne pas s'envoler, tout simplement ?

— Euh, je t'expliquerai... Je... je n'ai pas assez peur...

Goudurix saute à bord et aide Abba à le rejoindre.

— Attention ! crie-t-elle soudain en se retournant et en pointant le doigt vers une silhouette épaisse qui court et dérape dans leur direction.

C'est Olaf. Depuis le haut de la falaise, il s'est lancé à leur poursuite. Son père lui a bien dit : « Tu dois les rattraper et tuer le champion ! C'est compris ? » Et Olaf a hoché la tête : « Tuer le champion ? Oh oui oui oui, ça je comprends ! »

Il atteint le rivage alors que la barque gauloise est déjà presque au milieu du fjord. Mais il ne se décourage pas. Sans cesser de courir, il bondit de bloc de glace en bloc de glace, comme une grosse puce casquée. Malgré les efforts de Goudurix qui rame comme un malade, il se rapproche du navire... Dans un dernier effort, il bondit à bord, menaçant.

— AARGHHH ! rugit-il.

Goudurix n'a pas peur. Il sait que, grâce à la potion magique, il a de quoi résister aux assauts de ce géant. Il brandit sa rame en l'air et menace :

— N'approche pas, crétin ! Tu fais un pas et je te brise en deux comme ce morceau de bois !

Joignant le geste à la parole, il tord la rame sur son genou. Mais rien ne se passe comme prévu. La rame résiste et déjà la potion ne fait plus d'effet. Olaf, lui, n'a pas ce genre de problème, il arrache le mât central de l'embarcation comme s'il s'agissait d'un brin d'herbe et le lève au-dessus de sa tête, l'air plus menaçant que jamais.

Goudurix, redevenu le jeune Gaulois maigrichon qu'il a toujours été, cherche refuge au fond du bateau, le plus loin pos-

sible de ce Viking en forme de gorille. Abba se serre contre lui, elle n'a pas perdu confiance. Elle lui demande :

— Ça y est, tu as assez peur, maintenant ? Tu peux t'envoler ?

Mais Goudurix n'a plus envie de jouer. Face à cette énorme massue prête à s'abattre sur lui, il craque :

— Évidemment que j'ai peur ! Ça se voit, non ? Mais le pire, c'est que je ne sais pas voler, Abba ! Je n'ai jamais su !...

Abba en reste bouche bée. Goudurix doit se jeter sur elle pour lui éviter le gigantesque coup de mât qui s'abat en travers du navire. Le pont vole en éclats. Emportée par son élan, l'embarcation percute de plein fouet la rive du fjord. Goudurix et Abba sont projetés par-dessus le bastingage et éjectés sur la glace, tout étourdis.

Olaf est resté à bord. Mais quand il se relève, son poids entraîne le bateau en arrière. Le navire dérape sur la rive glissante, et plonge verticalement dans les profondeurs bleutées de la mer gelée. Le grand Viking a beau s'accrocher comme il peut, il se retrouve à l'eau, lui aussi. Les muscles paralysés par le froid, il coule à pic.

Alors, les parois de l'iceberg se referment comme deux mâchoires d'acier au-dessus de lui. Bientôt la glace reprend ses droits sur la mer, fermant le passage au milieu du fjord.

— Ouf !

Reprenant peu à peu ses esprits, Goudurix va secourir Abba. Mais il n'est pas accueilli comme il le pensait. Alors qu'il la relève, elle lui décoche un bon coup de poing dans le nez, furieuse !

— Tu m'as menti ! Et ça, je ne le supporte pas ! Tu es comme les autres, finalement !

Et elle le plante là, commençant à escalader la paroi la plus proche pour remonter jusqu'à son village. Grimaçant à cause de son nez douloureux, Goudurix essaie de la retenir.

— Abba, attends ! Je n'ai pas voulu te mentir ! C'est vous qui avez toujours cru que j'étais un champion, mais...

Un sinistre craquement l'interrompt : la pointe d'un glaive jaillit de la banquise derrière eux et découpe en rond une porte de sortie dans la glace. Olaf a survécu, Olaf est de retour ! Tout dégoulinant de haine et de neige fondue, on le voit apparaître, sortant ses énormes épaules de l'eau comme un cachalot en furie. Il est indestructible, ce type ! La situation devient franchement intenable. Dans un ultime réflexe, Goudurix appelle sa colombe à l'aide :

— Vite, SMS, va chercher Astérix et Obélix !

L'oiseau prend son essor, bat furieusement des ailes et pique tout droit vers le ciel... Elle cherche un moment son chemin puis se repère ; là-bas, vers le village, le combat fait toujours rage. Face à une meute de Vikings acharnés, les deux Gaulois se régalent. Obélix, en particulier, est aux anges :

— Voilà ce que j'appelle une bonne bagarre ! Enfin des adversaires solides ! Rien à voir avec ces mauviettes de Romains !

— Oui, approuve Astérix : on devrait presque les inviter à venir envahir la Gaule, on s'amuserait !

C'est à ce moment-là, alors qu'Obélix s'assoit sur un guerrier viking pour mieux l'enfoncer dans la neige, qu'ils remarquent SMS. Elle a l'air épuisé. Elle essaie bien de leur faire comprendre quelque chose mais n'a plus assez de forces. Alors elle s'abat sur le sol verglacé, sur le dos, les yeux fermés, les ailes en croix.

— Hum, fait Astérix d'un air songeur, cet oiseau a besoin d'un petit fortifiant...

Il se penche sur elle et lui fait couler une ou deux gouttes de potion magique dans le bec. L'effet est immédiat : SMS reprend des couleurs, ses plumes regonflent, elle ressuscite ! Voletant comme un oiseau-mouche, elle s'approche d'un bloc de glace, et de la pointe du bec, se met à le sculpter en accéléré. Son message gravé vaut mille mots. En quelques instants, SMS vient de représenter deux silhouettes en train de se battre : on reconnaît distinctement le fragile Goudurix et le redoutable Olaf !

XVII

Et pour se battre, il se battent ! Goudurix va chercher au fond de lui tout ce qu'il peut réunir comme rage et courage mêlés. Il s'est emparé d'une pièce détachée du bateau, un petit mât enveloppé d'une voile, il la brandit et tient tête à la bête. Olaf grogne comme un ours, râle comme un renne ! Il souffle par les narines comme un éléphant de mer. Ses muscles sont si tendus qu'on dirait un char blindé !

D'un coup de patte, il fait sauter la

pièce de bois des mains de Goudurix. Le mât virevolte et tombe dans un abîme, qui est à la fois un précipice glacé et l'ouverture fumante d'une bouche de volcan...

— Alors ? demande l'épais Viking. C'est qui le champion, maintenant ?

Il lève son glaive. Goudurix est maintenant à sa merci, mais une sorte de furie rousse saute alors sur les épaules d'Olaf et le martèle de coups de poing. Abba s'est lancée dans la bataille. Pas longtemps, hélas ! Olaf s'en débarrasse d'un coup de reins et la jeune fille va s'écraser contre une paroi rocheuse. Assommée, elle reste là, inanimée.

Olaf rattrape Goudurix et le coince contre une bouche éruptive, d'où sortent des fumerolles blanchâtres et brûlantes. Le choix pour le jeune Gaulois est de plus en plus réduit : doit-il mourir ébouillanté, glacé ou transpercé par une épée ? !

Dans un ultime effort, il s'agrippe à Olaf et parvient à l'entraîner au-dessus du petit cratère qui crache des vapeurs brûlantes. Le Viking, soulevé de terre par la puissance de l'éruption, hurle de douleur et retombe lourdement un peu plus loin. C'est un répit pour Goudurix. D'autant qu'une grosse voix rassurante retentit bientôt :

— Tiens bon, petit, on est là ! !

Dans un grand fracas de glacier pulvérisé, Astérix et Obélix surgissent sur le bord d'un cratère. Ils sont accompagnés du bondissant Idéfix, qui se brûle un peu les pattes et de SMS, qui a retrouvé toute sa vitalité.

— Bravo, tu t'es défendu comme un chef ! le félicite Astérix.

Mais Goudurix est inquiet : il se précipite vers Abba qui est toujours étendue un peu plus loin, inerte. Il lui prend les mains et tente de les réchauffer :

— Abba ! Abba, réveille-toi !

La jeune fille gémit, grimace, elle peine à soulever les paupières ; mais quand elle voit que c'est Goudurix qui est penché sur elle, son cœur repart d'un nouveau rythme dans sa poitrine. Aidée par le jeune homme, elle se relève et peut se lover dans ses bras.

C'est le moment que choisit le maître des runes pour réapparaître sur une crête qui surplombe les lieux. D'un coup d'œil, il voit d'abord que son fils est étendu dans la neige, groggy. Puis il reconnaît Astérix et Obélix, avant de repérer la fiancée d'Olaf et le soi-disant champion de la peur... Il réfléchit rapidement, tandis que des pas lourds et nombreux retentissent de l'autre côté de la crête. Bientôt, ils sont tous là : les guerriers vikings au grand complet, l'arme à la main, menés par Grossebaf.

— Dépêchez-vous, chef ! lui lance Cryptograf. Le champion de la peur est au bord du précipice ! Il va s'envoler avec votre fille Abba !

Les guerriers se précipitent comme un seul homme mais Astérix s'interpose, sortant son glaive.

— Plus un pas !

Grossebaf fait un signe à ses hommes qui s'arrêtent net.

— Encore vous ? grogne-t-il.

Dans son dos Cryptograf le presse, impatient :

— Allez ! saisissez-vous de lui avant qu'il ne s'envole !

Alors Abba intervient. Faisant face à son père, elle lui annonce :

— Aucun risque. C'était du bluff. Goudurix n'a jamais su voler !

Le chef s'étrangle. Il ne comprend plus rien.

— Mais enfin, ma chérie, dit-il, on l'a bien vu, tout à l'heure ! Il flottait dans les airs...

— Non, c'était une illusion. Vous vous êtes tous fait avoir !

— Complètement avoir ! confirme Astérix.

Et Olaf, à qui on n'avait rien demandé, surtout son père, se réveille pour intervenir :

— Ben oui, puisque c'est moi qui le tenais au bout d'une corde !

— COMMENT ? ? rugit Grossebaf en se tournant vers son mage.

Cryptograf n'en mène pas large. Après avoir nerveusement tapé sur la tête de son fils avec son bâton magique, il se lance dans des explications confuses :

— Mais non, hem hem... Ne l'écoutez pas ! Vous savez bien qu'on ne peut pas faire confiance à un crétin pareil !

— Quel crétin ? Quelle face de hareng ? Quelle tête de thon ? demande Olaf qui vient de comprendre trois méchancetés d'un coup, dont deux avec un peu de retard.

Grossebaf saisit Cryptograf au collet. Il l'entraîne au bord du vide et menace de le laisser tomber. D'une voix sourde, très en colère, inquiétante, il lui demande :

— Alors comme ça, tu m'as trompé ? Depuis le début ? Tu trembles, on dirait ? Est-ce que tu aurais peur, Cryptograf ?

Suspendu par la poigne puissante de son

chef au-dessus de l'abîme, le mage a la tremblote.

— Oh, euh... rien qu'un peu, un petit chouia !

— Alors, tu m'as l'air tout à fait prêt pour un vol d'essai...

Crypotograf se met à hurler :

— NON, CHEF ! ! PITIÉ, CHEF ! ! C'EST ODIN QUI S'EST TROMPÉ ! LA PEUR NE FAIT PAS VOLER !...

— C'est ce qu'on va voir ! s'exclame Grossebaf en ouvrant la main.

Cryptograf est précipité dans le vide. Mais, dans un geste désespéré, il se raccroche à la tunique d'Abba et il l'entraîne dans sa chute ! Alors Goudurix se jette sur son amie pour essayer de la retenir, mais il est entraîné, lui aussi !

Leurs trois hurlements se mêlent et diminuent à mesure que les malheureux tombent. Astérix et Obélix, sous le choc, restent tétanisés :

— Goudurix, non...

Tous les Vikings s'approchent du bord

de l'abîme et se penchent. Grossebaf est effondré. Avec les fumerolles qui s'élèvent du fond du volcan, on ne voit déjà plus rien. À peine si l'on entend encore quelques éclats de voix. On dirait pourtant que leur chute a été stoppée par une fine corniche, sur laquelle ils ont trouvé refuge.

Cryptograf ne tient pas longtemps accroché à la tunique d'Abba ; quand elle se déchire, il est avalé par le précipice. Seuls les deux jeunes gens restent en équilibre sur leur mince balcon rocheux. Essayant de calmer sa respiration, Goudurix tente aussi de tranquilliser la jeune Viking :

— Tiens bon, Abba ! Mes amis vont sans doute nous tirer de là !

Mais la situation semble désespérée. Abba n'y croit plus, elle secoue la tête, complètement abattue :

— Non, pouvoir voler serait la seule façon de nous en sortir... Malheureusement, c'est impossible !

Goudurix cherche, réfléchit, regarde autour de lui, suit des yeux SMS qui plane au-dessus d'eux. C'est alors qu'il aperçoit un objet à quelques mètres de lui : la bôme, cette petite voile enroulée autour d'un mât qu'Olaf avait précipitée au fond du gouffre, quelques minutes auparavant. Avançant de profil sur sa corniche, il s'en rapproche millimètre par millimètre, tendant le bras.

— Qu'est-ce que tu fais ? demande Abba, soudain très inquiète.

Elle se demande à quoi leur servirait ce bout de bois enveloppé de toile que Goudurix cherche à atteindre. Mais ce dernier est têtu. Se tournant vers Abba, il lui confie :

— Quelqu'un m'a dit un jour que rien n'était impossible tant qu'on n'avait pas essayé...

Et ses doigts se referment sur la toile qui entoure la pièce de bois.

Quelques instants plus tard, alors que le désespoir s'est emparé de tous, au sommet de la falaise, Astérix croit voir une ombre

étrange s'élever du fond du gouffre. Il la suit des yeux et comprend.

— REGARDEZ ! crie-t-il.

Goudurix vient d'inventer le deltaplane.

Alors que le soleil fait une spectaculaire percée à travers le brouillard, un splendide oiseau à deux têtes s'élève au-dessus de la falaise et survole les Vikings effarés. Goudurix a été au bout de son courage. Il a déployé la double voile triangulaire attachée au mât et, s'en servant comme d'une paire d'ailes, il s'est lancé dans le vide. L'air chaud et la confiance d'Abba ont fait le reste.

Maintenant qu'ils planent comme des

goélands, ni Goudurix si son amie nordique n'ont envie de redescendre. En manœuvrant son engin, l'ingénieux Gaulois lui fait décrire des boucles et des loopings au-dessus des glaciers et des coulées de lave rougeoyantes... Abba, complètement rassurée, n'en revient pas du culot de son compagnon :

— Tu m'as sauvé la vie, dit-elle.

Au sommet du glacier, Grossebaf se gratte la tête, il ne sait plus quoi penser :

— Bon, il sait voler, finalement, ou quoi ? !

Quant à Obélix, il n'a jamais été aussi fier :

— Non mais t'as vu ? lance-t-il à Astérix en se dandinant sur place. T'as vu ça... ? T'as vu ce qu'il a fait...

— Ah oui... là, il est fort... très fort ! Et tu vois bien, Obélix, ce n'est pas la peur qui donne des ailes... C'est l'amour.

XVIII

Si tout s'arrange dans ce coin-là du monde, à des centaines de kilomètres de là, rien ne va plus. Il fait nuit, la lune est presque pleine, et Océanonix le Lutécien est revenu au village gaulois. Pour l'occasion, Abraracourcix et Bonemine ont fait dîner tout le monde en plein air, sur la terrasse, mais le père de Goudurix est de fort méchante humeur. Il mange à peine.

— Encore un petit sanglier ? propose Bonemine.

— Une petite cervoise... ? demande Abraracourcix. J'en ai de la fraîche à la cave !

Océanonix frappe violemment du poing sur la table

— Où est mon fils ? ! tempête-t-il.

Voilà pourquoi il est de mauvaise humeur. Il est revenu chercher Goudurix et personne ne semble savoir où il est.

— Mais je te l'ai dit, sourit Abraracourcix, mal à l'aise. Il est à la pêche !

— Ah non, quand je suis arrivé, tu m'as dit qu'il était à la chasse !

— Il voulait parler de la chasse aux poissons, assure Bonemine, en exhibant une belle daurade.

Sur ce, ne doutant de rien, Assurancetourix sort de l'ombre, sa lyre à la main. Il se présente à Océanonix :

— Excusez-moi, mais vous qui vivez à Lutèce, je suis sûr que vous saurez apprécier ma toute nouvelle composition...

Il n'a pas le temps de pousser sa première note que Bonemine lui assène un magistral coup de daurade qui l'assomme tout net. Océanonix perd vraiment patience :

— JE VEUX VOIR MON FILS TOUT DE SUITE, C'EST COMPRIS ? !

Il ne peut pas le savoir, mais son fils, au même moment, traverse les mers à une vitesse supersonique. Debout à la proue d'un drakkar de course emprunté à Grossebaf, les cheveux au vent, il se tient aux côtés de sa colombe, d'Abba et d'Astérix. C'est Obélix, plongé dans l'eau, à l'arrière, qui pousse le bateau. Ses jambes lui servent d'hélices. Jamais il n'a mouliné aussi vite.

Au-dessus d'eux, la pleine lune monte petit à petit dans le ciel clair et Astérix ronge son frein :

— Plus vite, Obélix ! On va être en retard !

La côte se rapproche rapidement. On commence à reconnaître les récifs du Cotentin, puis les côtes armoricaines. Obélix ne faiblit pas. La tête sous l'eau, c'est à peine s'il prend le temps de respirer. Si bien que lorsqu'il aborde la plage familière, située non loin de son village, il oublie de s'arrêter. Alors, en quelques instants, le drakkar se disloque sur les rochers.

Mais des débris, emportés par l'élan, continuent leur course sur le sable, puis sur l'herbe humide et le long des chemins. Debout sur ces lattes de bois, comme des surfeurs sur leur planche, Abba et Goudurix arrivent aux contreforts du village gaulois.

Il était temps. Océanonix vient de se lever de table, hors de lui et menace toute la tablée.

— QU'EST-CE QUI LUI EST ARRIVÉ, HEIN ?

— Salut, p'pa ! clame Goudurix, en sautant de son engin, tenant Abba par la main.

Stupéfait, Océanonix porte la main à son cœur. Un large sourire détend alors son

visage crispé. Il hoche la tête en connaisseur après avoir observé Abba. Alors qu'Abraracourcix s'apprête à ajouter quelque chose, il l'arrête d'un geste de la main :

— Ne me dis rien. J'ai compris, maintenant... Et j'aurais dû m'en douter, je connais mon fils comme moi-même : c'est à la conquête des filles qu'il était parti !

Abraracourcix et Bonemine se laissent tomber sur leurs sièges en poussant un immense soupir de soulagement. Astérix et Obélix arrivent quelque temps après, tout sourires. Obélix repère aussitôt un sanglier rôti dont l'odeur lui chatouille les narines. Il se frotte les mains :

— J'ai l'impression qu'on tombe bien ! Parce que, mine de rien, ça creuse, la natation !

En attendant l'arrivée des Vikings qui doivent venir assister au mariage de Goudurix et d'Abba, les deux envoyés spéciaux racontent leur voyage. Ils sont intarissables sur le courage du jeune Gaulois. Brandissant une brochette de pigeons et de cailles rôties, Obélix l'imite :

— Et alors là, il a tenu tête à Olaf, rien qu'avec une vieille rame !

— C'est vrai, confirme Astérix, on aurait dit une armée à lui tout seul !

Océanonix, la larme à l'œil, serre chaleureusement la main de son frère.

— Abraracourcix, merci mille fois de tout ce que tu as fait pour mon fils !

— Ce n'est pas moi, répond le chef du village, tu devrais plutôt remercier Astérix et Obélix...

Ceux-ci refusent l'hommage : c'est le courage de Goudurix et lui seul qui l'a sorti de tous les mauvais pas.

Océanonix se tourne vers son fils et lui ouvre les bras. Après un moment d'hésitation, celui-ci s'y précipite et les deux hommes restent longtemps serrés l'un contre l'autre, très émus.

Une fois les navires vikings accostés, la fête de mariage peut commencer. On met les sangliers à griller, les plus jeunes dansent, on déballe les cadeaux. Vikéa offre à Bonemine un ensemble de crânes assortis, tout neufs. C'est tout juste si on ne lit pas encore les regards dans les orbites vides...

— Spécialité viking ! annonce fièrement le femme de Grossebaf. Vaisselle, décoration, ameublement, on fait tout pour la maison !

Bonemine doit s'accrocher à la table pour ne pas défaillir. Astérix, lui, fait les présentations. À côté de Cénotaf, Nescaf et Steffigraf, il énumère :

— Voilà Cétautomatix, Ordralfabétix, Agecanonix...

Grossebaf étouffe un rire nerveux. Il pousse son fidèle Bathyscaf d'un coup de coude :

— T'as entendu ? rigole-t-il, ils ont tous des noms ridicules, qui finissent en « ix » !

Puis il se reprend et tape dans le dos d'Abraracourcix :

— En tout cas c'est vraiment une belle région ! On viendrait volontiers vous envahir d'ici quelques siècles !

Alors que les convives commencent à prendre place, que les jeunes mariés se tiennent les mains serrées et se regardent dans les yeux, une petite voix éraillée prend la parole :

— Et moi, on ne m'a pas présenté ? Je suis Assurancetourix, barde. Dans ma musique, j'aime à mêler toutes les influences étrangères, barbaresques ou nordiques... Cela vous dirait-il d'entendre une petite chanson de mon cru ?

Malheureusement pour eux, les Vikings sont de grands amateurs de musique. Spontanément, ils se mettent à crier :

— UNE CHANSON ! UNE CHANSON !

À ces mots, une sueur glacée coule dans le cou des Gaulois. Mais le mal est fait. Assurancetourix, pinçant les cordes de sa lyre, se met à pousser sa rengaine d'une voix aigrelette.

Aussitôt, les effets les plus néfastes se font sentir. Les tympans percés, la colombe de Goudurix pousse de petits cris aigus et bat des ailes comme une poule affolée... Idéfix hurle à la mort... Les Gaulois raflent tout le persil qu'il trouvent sur les tables pour se boucher les oreilles. Malgré leur résistance légendaire, les Vikings pâlissent et claquent des dents.

N'y tenant plus, Grossebaf tombe à genoux et supplie :

— Assez !... Assez !

Ses guerriers les plus endurcis quittent la cérémonie en désordre et fuient où ils le peuvent, en hurlant comme des enfants :

— PAR THOR !

— PAR ODIN !

— PARTONS !

Héroïque, Cétautomatix parvient à s'approcher du barde et à le faire taire d'un magistral coup de marteau. Dans le silence revenu, Grossebaf met un moment à se remettre. La bouche tremblante, le teint verdâtre, il balbutie :

— J'ai mal au ventre... je ne sens plus mes jambes... Maman ! Qu'est-ce que c'est ?...

Astérix sourit, en ôtant le persil de son oreille.

— Ah, ça ? Ça doit être la peur ! Tu sais ce que c'est, maintenant !

— Alors il faut peut-être que j'en profite !

Et les plantant là, il court comme un dératé vers la falaise la plus proche, à la poursuite de ses hommes.

— Attendez-moi ! On va voler ensemble !

C'est ainsi qu'à tour de rôle une dizaine de grands guerriers moustachus sautent du haut de la falaise armoricaine et tombent comme des pierres dans la mer, une trentaine de mètres plus bas. Heureusement que ce sont de bons nageurs. Ils rejoignent leur drakkar à toute allure, et bientôt celui-ci s'éloigne vers l'horizon.

Parmi les Gaulois qui les regardent partir en agitant la main, Astérix et Panoramix sont en pleine discussion.

— ... Mais finalement, demande Astérix. Ça sert à quoi, la peur ?

— La peur... ? C'est elle qui nous rend

courageux : le vrai courage, c'est de réussir à surmonter sa peur...

Astérix hoche la tête lentement, puis jette un regard attendri aux deux amoureux qui s'embrassent. Pour les Vikings, en général, c'était une expédition en demi-teinte, mais pour Abba, c'est un voyage d'études qui a dépassé toutes ses espérances !

FIN

Composition ***Jouve*** - 62300 Lens

Imprimé en France par ***Partenaires Book®***
n° dépôt légal : 69366 - mars 2006
20.07.1163.01/3 - ISBN 2–01–201163–2

Loi n° 49-956 du 16 juillet 1949
sur les publications destinées à la jeunesse